ほどよく孤独に生きてみる

藤井英子

「みんなといてもひとりぼっち」

孤独って、ちょっと心がざわざわする言葉です。
孤独になんてなりたくない。寂しいのはいや。孤独だと思われたくない。
そう思いますか？

近年は、高齢、若年齢問わず、「おひとりさま」が増えています。いままさに寂しいお気持ちで日々の暮らしを送っておられる方もいらっしゃるかもしれません。
孤独や不安を感じるのは、年齢を重ねた方だけのことではありませんね。若い方も、友人関係や人付き合いのなかで、孤独感から心のトンネルに迷い込んでしまう人も多くいます。

友人と一緒にいても、どこか寂しい。グループのなかにいても、どこかひとりぼっちの気持ちになる。一緒にいるはずなのに、本当は打ち解けられていない自分がいる。

人生の最大の味方であるはずの家族やパートナーとの心の行き違い。

誰かと一緒にいるのに湧いてくる「孤独」に、心はシクシク痛みます。

2023年に刊行した前著『ほどよく忘れて生きていく』はありがたいことに、多くの方にお読みいただきました。

たくさんちょうだいしたお便りのなかには、「ひとり暮らしで、あまり人と話す機会がなく寂しい」「人間関係の紆余曲折を経て、人は結局ひとりなのだと痛感しました」という声が多くありました。

人それぞれ、さまざまな場面で「ひとりで寂しい」「みんなといてもひとりぼっち」とお感じになっている方も多いということでしょうか。

孤独は人をむしばみますが、人はみな、どこかでかすかな孤独感とともにあるものかもしれないとも思います。家族のような身内であっても、自分とは別人格である以上、自分以外はみな「他人」と言えるのかもしれません。人は生まれるときもひとり、死にゆくときもひとり、と言いますね。

誰かと一緒にいたからといって、孤独と無縁の人はいないでしょうし、みなどこかで、自分のなかにほどよい孤独を持っている。それが自然な気がします。

私は子どもが7人、孫とひ孫はあわせて15人。次女と同居していて、次男とは一緒にクリニックを運営していますから、日常の生活では孤独とは言えません。事実、さまざまな場面で子どもたちの力を借り、孫やひ孫から元気をもらって仕事をさせてもらう日々ですし、訪れてくださる患者さんたちと向き合うことは、ハリのあるとても充実したものです。

しかし、さっぱりしている私の性格もあるのでしょう、人間関係はきっと周囲が思うよりもあっさりです。子どもは子どもであり、私は私。家族のことも、患者さんのことも、それがそのまま「自分ごと」になることはありません。

クリニックは事務長の次男といつも一緒ですが、院内ではあくまでも医師と事務長としての関わりです。

診察の前後は文献にあたったりネットで最新情報を得たりと、診療に必要な情報のことで頭がいっぱいですし、午後3時の「お三時」のおやつで楽しい休息の時間を経て、午後の診療時間が終われば、白衣を脱ぐのを合図に、医師である自分は閉店です。医師ではない93歳の自分に戻り、すぐに帰途につきます。

診察では、患者さんの症状を拝見し、漢方で改善するための方法を考え、処方をします。私は漢方心療内科医ですから、お悩みを聞いて差し上げることではなくて、症状をきちんと見定めて治療方針を立て、必要な薬を処方するのが仕事です。その方のお悩みは、その方のもの。私にできることは、症状を解決する漢方を処方することだからです。

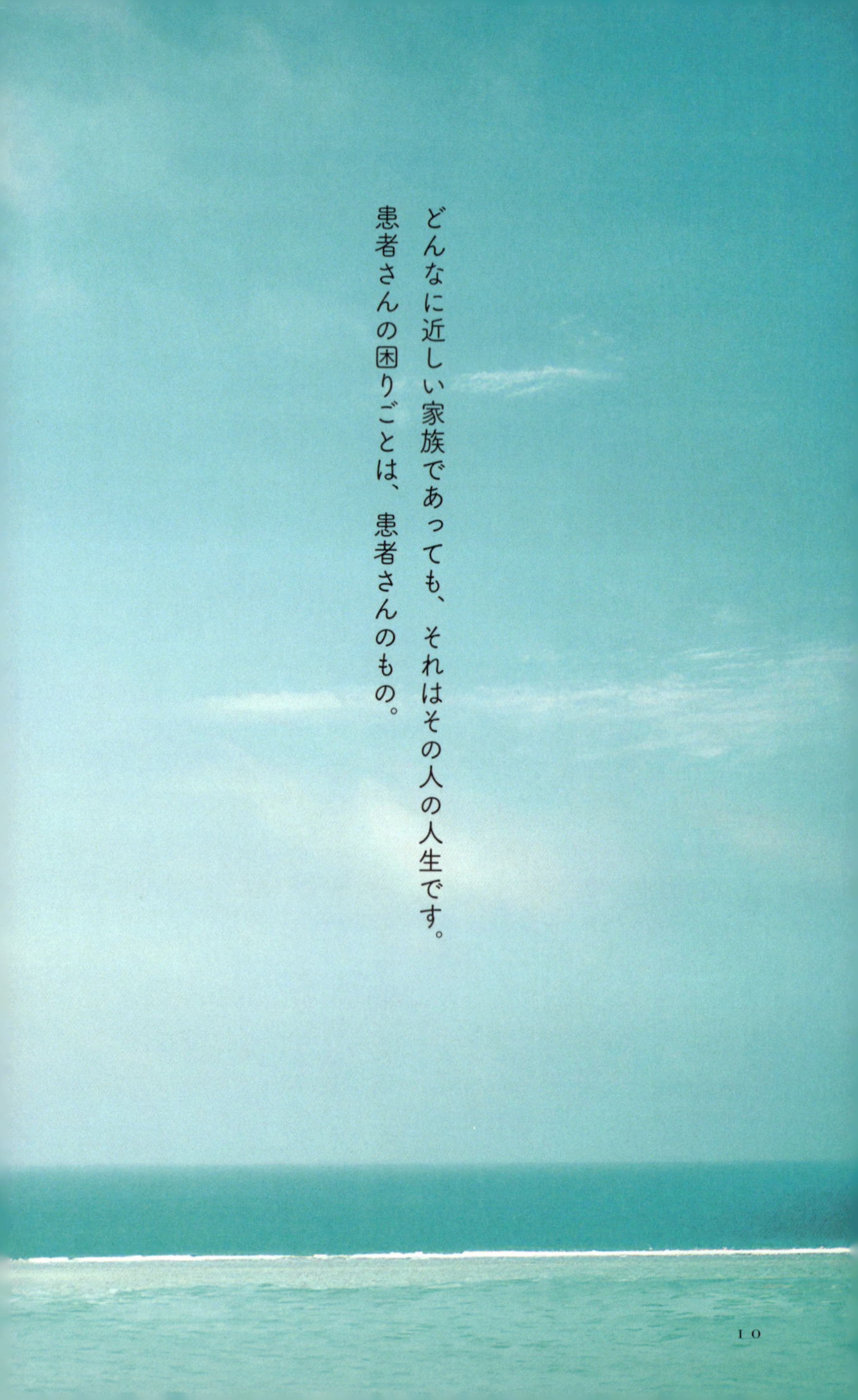

どんなに近しい家族であっても、それはその人の人生です。
患者さんの困りごとは、患者さんのもの。

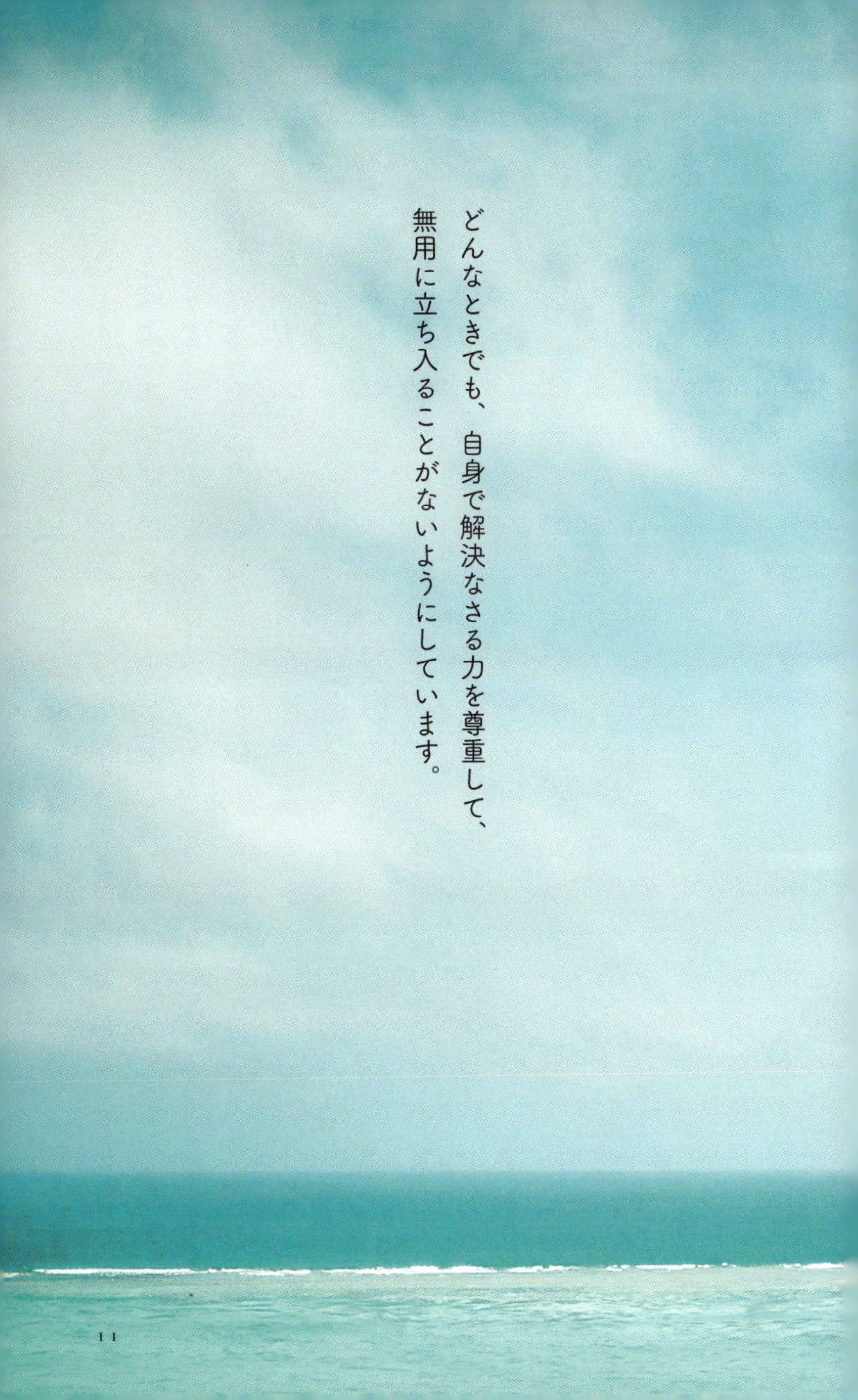

どんなときでも、自身で解決なさる力を尊重して、
無用に立ち入ることがないようにしています。

そんな私のことを、「サラッとカラッとしている」「さっぱりしているところに憧れます」と、言ってくださる方もいますが、私としては、自分にいただいた医師としてのお役目を果たすために、自分の好きなようにやっているだけ、というのが本音です。

ひとつ、年を重ねて思うことがあるとすれば、人のことに気を取られているほど、人生は長くないということくらいでしょうか。

孤独感でつらい、という方には「そもそも、人はみな孤独さを持ち合わせているものですし、ほどよい孤独は、自分の人生に集中させて、充実させてくれるありがたいものかもしれませんよ」とお伝えしたいと思います。

ほどよい孤独は、自分の時間を取り戻してくれます。

誰かに振り回されていた時間、思い悩む時間を、自分の大切にしたいことに使うことができるようになります。

ほどよい孤独を意識するからこそ、人は人とうまく付き合えます。

いい距離感が、自分も相手も心地いい関係性を育んでくれますし、ほどよい孤独があるからこそ、人は人にやさしくなれるのです。

孤独なだけでは寂しいけれど、
ほどよい孤独と生きていくって素敵です。

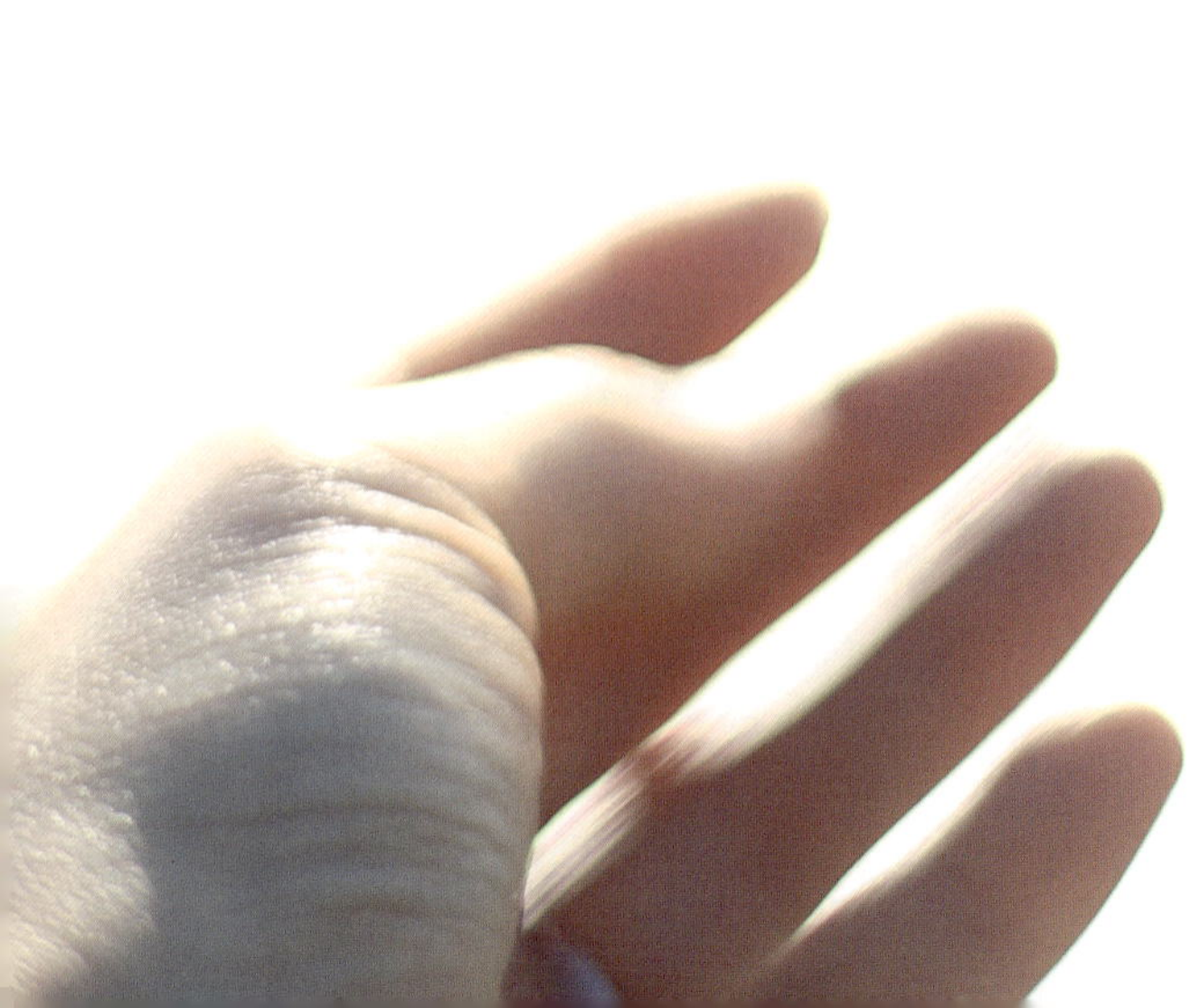

I 章

ほどよい孤独はいい孤独

01 「あっさり」している 24
02 「属さない」自由 26
03 「折り合い」はいらない 28
04 「忘却」を利用する 30
05 「ほどよく孤独」だからつながれる 32
06 「友だち」より「話し相手」 34
07 距離とは「適切なつながり」 36
08 気が合わないのは「あたりまえ」 38
09 近い人ほど「あっさり」 40
10 「ほどよい距離」を置く 42

11 「受け流す」おおらかさを 44
12 「人の噂」は半日もたない 46
13 「不安」を落ち着かせる 48
14 恨みは「忘れる」ではなく「かき消す」 50
15 恨みは「病」になる 52
16 孤独は「自由」 54

2章

ほどよい孤独で自分が見つかる

17 「探すから」見つかる 58
18 「自分ごと」に視線を戻す 60
19 「最先端」こそ触ってみる 62
20 いつでも「学ぶ側」にいる 64
21 「できない」を数えない 66

3章

ほどよい孤独で自分が整う

22 仕事は「花」より「実」 68
23 「点」はいつか結ばれる 70
24 「今さら」は禁句とする 72
25 いつだって「これから」を話す 74
26 いやなことには「いいことの種」が 76
27 過去は「アルバム」にだけ 78
28 自分にこそ「よく頑張りました」 82
29 「ネガティブ思考」に陥るときは 84
30 「記憶」はときどき嘘をつく 86
31 「察してほしい」は自分勝手 88
32 「コントロール」しない 90

4章

ほどよく休んで元気になる

33 人の失敗は「先に忘れてあげる」 92
34 「自分のせい」は脇に置く 94
35 「曇らない目」で見る 96
36 「自分の頭」で考え続ける 98
37 「情報」と少し離れる 100
38 「まあいいか」で生きていく 102
39 「誰かの100点」はいらない 106
40 「体調不良」を自己判断しない 108
41 「いい筋肉」は人を前向きにする 110
42 認知症予防に「運動」がいい 112
43 「すぐできる」栄養習慣 114

44 「煎茶」を飲んでいます 116
45 「発達障がい」のお子さん 118
46 「オリーブオイル」を摂る 120
47 脳は「怠けもの」 122
48 「腸」は心 124
49 肩甲骨はからだの「羽根」 126
50 「暗算」という脳トレ 128
51 「いつもと違う」に気を配る 130
52 「同病異治」と「異病同治」 132
53 ほどよく「休めて」いますか 134
54 「刺激」と「リラックス」 136
55 心が「疲れ果てる」その前に 138
56 「自分に合う」ってどういうこと？ 140

5章

ほどよい孤独で感謝が生まれる

57 「見えないもの」に目を向ける 144
58 「陰で見守る人」を想う 146
59 いつだって「今」 148
60 「ありがとう」は何度でも 150
61 「ひとりきり」では生きられない 152
62 「差し上げる」喜び 154
63 毎日「小さな夢」をかなえる 156

おわりに 158

ブックデザイン　萩原弦一郎（256）
写真　秋月雅
DTP　天龍社
構成　MARU
編集協力　近藤泰秀（くすのき舎）
編集　橋口英恵（サンマーク出版）

I章

ほどよい孤独はいい孤独

01

「あっさり」している

人間関係は
あっさりしているのが
いい気がします。
適度な距離感があると、
人との関わりは軽やかになります。

私は日ごろから、人間関係というのは配偶者や子どもなどの家族であっても、あっさりがいいと思っています。

そういうと、冷たいように思われるかもしれませんが、自分でできることは自分でやり、相手がやるべきことを取り上げないということは、自分と相手への最大の尊重でもあると思うのです。

また、自分の価値観ややり方に固執すると、人間関係はうまくいきません。

互いに異なる価値観があり、やり方があることを理解して適度な距離を持つことで、互いの価値観ややり方を否定せずに関わっていくことができます。

相手との距離感を忘れずにいれば、いつだって軽やかに人と関われますし、くっついたり離れたりすることも自由で容易になりますから、結果的に、寂しさとは無縁になっていくように思います。

さらに、自分のこれまでの価値観ややり方は、時代と共に変化していくものです。「私たちの若いころは……」なんて、もう遠く昔のことにいつまでも固執しないことです。文明の利器を使いこなし、若い人たちから学びましょう。過去の栄光にはしがみつかず、できなくなったことにとらわれずにいましょう。

しなやかさを持ち続けていれば、何歳からでも、自分の人生を楽しみ続けることができます。社会の中での自分の役割に全力投球してきた人が、自分の今日を一所懸命に生きるとき、人生に好奇心が戻ってきます。

02

「属さない」自由

人間関係は、なければ寂しく、あれば煩わしいものです。
どこかに属していないことを残念に思う必要はありません。
「おひとり時間」を充実させると人に依存せず自分らしさを保てます。

周囲が楽しそうにしているなか、自分だけがひとりぽつんとしている状況は、寂しいと感じて自然です。自分もその輪に入りたいならば、自分から声をかけるのがいいと思いますが、それができないから、ひとりでいるということも多いでしょう。

それを、「ひとりぼっち」と考えるか、「おひとり時間」と考えるか。捉え方を変えると、少し前向きになれる気がします。

さほど親しくしなくてもいいと感じる集団ならば、そこに属すことに必死にならずに「貴重なおひとり時間を持てた」と気持ちを切り替えて、やるべきことややりたかったことに手を付ける時間を持ちましょう。

先日いらした女性は、この話を聞いて「毎朝、幼稚園のバスを見送ったあと、延々と同じような会話が繰り返されるのが苦痛だった。貴重な時間を無駄にしているのだと気づいて、勇気を出して『用事ができたので帰ります』と笑顔でさらっと伝え、以降はその時間をジョギングに充てることにした」と話してくれました。ほかの親御さんが、その方をどう思おうが、その方にはもう一ミリも関係ありませんね。

人間関係は、なければ寂しく、濃密にあると煩わしく感じるものです。家族と暮らせば調整が必要ですし、集団に属せば自分のやりたい放題にはできませんが、「おひとり時間」の充実を図ることで人は、人間関係から少し自由になれます。

他者やグループに依存せず、自分らしく過ごす時間を持つことも、心身の健康の秘訣です。

03

「折り合い」はいらない

人間関係に「折り合いをつけよう」とするから難しいのです。

物理的な「適度な距離」を置く。

すべての人とうまくやろうとせず、うまくいかない人と距離を置くのは互いにハッピーな選択です。


「なんとか折り合いをつけなくてはと思うのですが」――家族でも、友人関係でも、職場でも、人間関係で悩む人からよく聞く「折り合い」という言葉。

でも、どのような人間関係でも、折り合いをつけようとするときに、自分だけがちょっと折れれば済む話ではないことがほとんどです。相手にも相手の気持ちがあります。その両方が折り合うというのは、口でいうのは簡単でも実際には難しいことのように思います。すでにこじれてしまっているのであればなおさらです。

そのようなときに、互いに譲れないことについて主張し合うより、一度物理的に距離をとって、起きたできごとをきちんと過去のものにしてみることです。心理的に苦手な人とも物理的に距離をとってみましょう。

心とからだの両方できちんと距離をとってみない限り、その人間関係がどのようにもつれているのかを俯瞰して見ることはできません。

もつれた糸の中にいるときに、その糸をほどくことはできませんから、まずは、距離を置いてみて、さらに考えない時間を持ってみることです。そうすることで心も落ち着き、冷静に自分や状況を見ることができます。

一時的に、自ら距離を置くことは、ほどよい孤独を「選んだ」ということ。誰とでもうまくやろう、親しくなろうなんて思う必要はなく、よい距離感をつくることが、本当の「折り合い」なのかもしれません。

04

「忘却」を利用する

人は「忘れる」ことができます。
頑張って覚えていようとしない限り、
うれしいこともつらいことも、
記憶から少しずつ薄れていきます。
いまの感情が、このままずっと
続くことはありません。

私がクリニックを立ち上げてから数カ月は、患者さんがひとりも来ない日もありました。周囲からは「やめておいたほうがよかったのでは」という声も少なからずあり、当時は少し落ち込んだような気もしますが、改めて思い出さない限り、もう当時のことはすっかり忘れてしまっています。

それがなぜなのかはっきりしています。今は毎日、目の前の患者さんのことで「手一杯」だからです。「もしかしたら、あの方には、あの処方が効くかもしれない」とか、「あの患者さんはその後どうかしら」「この漢方について最近論文が出たようだけど」と考えていると、過去を振り返る時間などありません。

順風満帆がずっと続く人生などありませんが、同様に、つらいことやいやなことが、永遠に続くこともありません。状況は刻一刻と変わりますから、大丈夫です。

そして、幸いなことに人間は、忘れることを知っています。

自ら、つらい出来事に固執して考え続けない限り、自然と少しずつ、忘れていくものです。ただ、過去のつらさを忘れるためには、思い出さない時間を意識してつくる必要があります。思い出さない時間をつくるには、目の前のことに没頭すること。

これに年齢は関係ありませんね。今をしっかり生きなくては、と、気張るのではなく、自分の興味関心の湧くこと、好きなことの前に自分を置くこと。「しっかりしよう」とするよりも、「楽しくいこう」とご自分に言ってみてください。

05

「ほどよく孤独」だからつながれる

人は孤独に弱い生き物ですが、自分で選んだ、ほどよい孤独は、人を強くしてくれます。人は孤独を兼ね備えている、という前提で人と関われば、つながりはゆるく、軽く、でいいとわかります。

年齢を重ねてから、統合失調症のような症状が出ることがあります。「物取られ妄想」などもそうで、これらの症状が出る原因のひとつに、孤独があるという研究結果もあるそうです。

この場合、孤独が原因ならば誰かと同居させればいいのかというと、そういうわけでもなく、急激な環境の変化は反対にストレスをもたらします。私は、このような患者さんには不安を緩和する漢方を処方すると同時に、デイサービスやデイケアなどの活用をすすめています。人の気配を感じて生活するほうが心は健やかです。

孤独を排除しようとするのではなくて、「人の心には孤独があるのが自然」と受け入れていると、孤独に飲み込まれずに済みます。別の誰かの孤独に思いを寄せることもできます。そして、孤独だからこそ、人は人とつながろうと思えます。

人間関係とは、頑張って関係づくりに「励む」ようなものではありません。

誰もが年を重ねますから、日ごろから、濃密でなくていいので「気持ちよく話せる話し相手」「困ったときに頼れるサービス」を見つけておくのがいい気がします。ゆるく、軽くつながっておきながら、必要なときに声が掛け合える。いざというときに、手を差し出せるような関係性を育めたらいいですね。

たとえば、マンションの管理人さんに「おはようございます」と挨拶をして「いつもありがとうございます」と伝えてみる。それだけで、昨日とは違う人間関係が生まれるものです。

06

「友だち」より「話し相手」

友だちでなくていいのです。
「気軽に話せる人」が
ひとりいればそれでいい。
親戚や身内でも、ご近所さんでも、
「何でも話せる」より「気軽に話せる」
人を見つけます。

今、私に友だちと言える人がいるかというと、あまり思い浮かびません。医学生時代から仲間だった女性たちは、みなずいぶん前に連絡が取れなくなりました。
でも最近、土曜日にクリニックの受付をしてくれている末娘と話すことは、私のリラックスになっているようで、様子を見ている事務長に言わせれば「どこか楽しそうに見える」とのこと。普段は診察が終わるとさっさと白衣を脱いで帰る支度をはじめる私が、娘がいると割とのんびりしているようです。

そういう意味では、末娘は、なんでも気軽に話ができる相手なのかもしれません。気軽に話せる人が身近にいてくれることって、とてもありがたく楽しいことですね。

日本のあるメディアで、全国の18〜69歳を対象にして行われた調査では、友だちがいないと答えた人は、40代で52%、60代で48%だそうです。60代では友だちがいないと答えた人が少し「減っている」のは、現役で仕事をしている世代よりも、自分の時間ができる退職後のほうが友だちはつくりやすいからでしょうか。でも、友だちをつくろう、としなくても、娘や甥っこ姪っこなどの身内や、ご近所の方など、誰かひとり、「普段話しかける人」がいてくれたらそれだけで心強いですね。

なんでも話せる、とまでいかなくてもよく、なんとなく話していて心地いい人を、勝手に「友だち」と呼ぶ。気軽な会話のやりとりができる相手を見つけることです。

07

距離とは「適切なつながり」

**他者とは、ほどよく心の距離を置く。
これは、孤独ではなく、
「適切なつながり」です。
相手の範疇には立ち入らないことが、
互いの信頼と安心感を生みます。**

「先生は、患者さんと毎日向き合っていることで疲れたりしないんですか」と聞かれることがあります。私が日々、心やからだに不調がある方とお話しすることを慮《おもんぱか》ってくださったのだと思いますが、ご心配には及びません。

それは、目の前の方のつらさを「全部、私がなんとかして差し上げなくては」と、思っていないからです。

時折、子どもや親のことで、「私がなんとかしなくては」「私のせいでこうなった」と、悩み、うつ症状になっていらっしゃる患者さんもいます。家族であれ、友人であれ、苦難にさらされているときに、「なんとかしたい」という思いが湧いてくるのは自然なことです。

ただ、自分以外の人のことでできることは限られますし、何より相手の悩みは相手のものです。ご本人が、自分で考えて、結論を出し、動き出してこそ開ける道もあります。助け舟を出したり、人を紹介したり、助言や、情報をお伝えすることがあったとしても、代わりにすべてを解決することはできません。

それよりも、「相手にはよくなる力が備わっている」と信じて、「私にできることはありますか？」と尋ねてみましょう。できることがあればできる範囲で手伝い、できないことは、無理をして手を出さないことです。相手の心や立場、状況に勝手に踏み入らないことも、実は、手助けややさしさだったりします。

08

気が合わないのは「あたりまえ」

職場の人たちと気が合わないのは「あたりまえ」だと考えましょう。振り回される必要はありませんが、「相手を尊重して」「自分の仕事を丁寧に」信頼される基本を忘れないことです。

仕事柄、人の感情の影響を受けすぎないように留意しています。目の前の方を尊重し、親身になったとしても、自分から入り込みすぎない。これは、健やかな人間関係の基本だと思います。

相手には相手の考え方があり、これまでの生き方があり、人生があります。親兄弟でも、子どもでも、同じ人間ではありませんから、「私と同じように考えてほしい」「私が思った通りになってほしい」というのは、難しい話です。家族ですらそうなのですから、「職場の人と気が合わない」というのは、あたりまえくらいに考えておくと気持ちが楽かもしれません。

現在の企業は、コンプライアンスやハラスメントなどの課題から、心理的安全性を担保するための制度や相談窓口などもありますが、とはいえ、会社というのは、ただの仲よしクラブではありません。

どんな職場でも、数人から、数千人の、価値観も育った環境も性格もまったく違う人たちが集まっているわけですから、「みんなとうまくやろう」はそもそも無理な話です。深入りしすぎずに、自分の仕事を丁寧にこなし、相手のことを尊重して過ごすこと。その上で、仲のいい人やよいチームができたなら、それは本当に幸せなことです。

一緒に仕事をしつつ時折は俯瞰して、全体の人間関係や仕事の状況を見る。そして、自分の役割を改めて確認してまた仕事をする。そのくらいのほどよい距離感でいたほうが、心は自由でいられるように思います。

09

近い人ほど「あっさり」

親世代も、子世代も、
お互いの価値観に干渉しないのが
よい関係です。
あっさりした関係性を保つほうが、
長く、仲良く過ごせます。

私はひとりっ子です。10歳で父親と別れて母子家庭で育ちましたが、夫との間に7人の子どもに恵まれ、賑やかな家庭を持つことができました。産婦人科医であったころ、そして専業主婦であったころも、実母がちょくちょく手伝いに来てくれていました。

お姑さんはというと、そのことにはまったく干渉せずにいてくれましたから、本当に助かりました。

あるとき、急な事故で実母の元に急ぎ行かなくてはならなくなったことがありました。そのときお姑さんにお電話をしたら、「わかった！」と一言。私が自宅に帰ったときには、おむつを洗って干していてくれました。非常に、あっさりとした付き合いだったと思いますが、それにはずいぶん助けられたと思っています。

嫁姑関係で悩んで、抑うつ状態でクリニックにいらっしゃる方もいますが、私は、その経験もあって「姑さんにも、舅さんにも、必要以上に気を遣うことはないのではありませんか？」とお伝えすることもありますが、多くの場合は、もっと複雑に人間関係がもつれてしまっています。

親世代であれば、子どもの今の価値観にある程度任せ、子ども世代であれば、「親には親の考え方がある」くらいに考えて、さらりと生きられたらいいと思います。

私も、子どもたちの家庭には干渉しません。ある程度、あっさりした関係のほうが、困ったときに助け合える、よい関係なのだと思います。

10

「ほどよい距離」を置く

嫁姑関係で悩むのは、
互いの考えや価値観の違いが
「見えすぎて」しまうからです。
適度な距離をとることも、
互いへの礼儀です。

嫁姑関係で悩む方のなかには、「どうやったらうまくやれるのだろう」と考えすぎていたり、一方的に我慢し続けていたりする方もいます。

ご自身がお舅さんやお姑さんである場合は、自分の娘や息子可愛さに、お婿さんやお嫁さんに対して「もっとこうしてくれたら」と思いがちです。また、自分の価値観や経験から「こうしなくてはいけない」を押し付けてしまうこともあります。

私にはお嫁さんもお婿さんもたくさんいますが、それぞれに対して「子どもが選んだパートナー」として接します。実の子どもではありませんから、ひとりの人間として、考え方や価値観、生き方を尊重するのがよいと思うからです。

末の娘などは「本当に、嫁さんとか婿さんの悪口を言わないよね」と言ってくれますが、自分の子どもが選んだ相手ですから、私が何か言う必要などありません。

ですから、嫁姑関係で悩んでおられる方で、その方が舅や姑の場合は、「子どもの配偶者はあくまで子どもが選んだパートナーであって、自分の実の息子や娘ではないことを意識されてはどうですか」と伝えます。ひとりの人として尊重して関わるほうが、きっといい関係になるはずです。

息子や娘を通じて、ほどほどにつながるくらいでちょうどいい。ましてや、そもそも相手を苦手だと感じるのであれば、無理をして仲よくする必要もありません。

ほどよい距離は余白です。そこにやさしさと敬意が生まれます。誰かと「近づきすぎないこと」とも言えるかもしれませんね。

11

「受け流す」おおらかさを

相手から言われたことに
いちいち反応しなくてもいいのです。
「あらそうですか」
そのくらいの感覚で、
にこやかにかわしていくほうが、
毎日は楽しくなります。

診療をしていると、何十年も前の恨み言を、まさに今起きているかのように話される方も少なくありません。とくに、人から言われたこと、されたことについて、引きずっていらっしゃる方が多いですね。

誰かがあなたに何気なく放った言葉は、本当に何気なく言っていることがほとんどですし、その人の価値観や経験から発せられている主観的なものです。すべてを真っ向から受け止めて、悩んだり、苦しんだりする必要はありません。

私がまだ20代だったころに、歯科医だったお舅さんが、東京の歯科医師会に行くというので京都駅まで車で送ったことがありました。

私は、仕事を早く切り上げて、お舅さんが新幹線で飲むウィスキーを買ってお渡ししたのですが、後になってこう言われました。

「みんなの前で開けたら、サントリーではなくてトリスだった」と。

京都ではウィスキーといえばサントリーという価値観があったのですが、私はそのことをあまり知らなかったのです。私は、お舅さんに向かって、こう言いました。

「そうでした？　トリスもおいしかったでしょう？」

そこでその話はおしまい。お舅さんやお姑さんの言葉に心を乱される必要などないのです。自分がやるべきことをやっていると思えたら、それでいいのです。どんなことも「あらそうですか」とサラリと流して、何よりも、あなたご自身の味方になってあげてほしいと思います。

12

「人の噂」は半日もたない

噂話はもとより、
人からどう言われているかには
無関心でいるのが一番です。
気にしても仕方がないことを、
考えはじめてはいけません。

私は人からどう思われるか、どう言われているかを元来気にしない性分のようです。

医学生時代、病理学教室で、英文タイプを打つお手伝いをしていたときのこと。教授から「アメリカに行くから、身上書をつくってくれ」と頼まれて打っていたときに、精神科から大学院に行かれた先生が駆け寄ってきて、「あなたの噂をしていましたよ」と言われました。私は、「あら、そうですか」とだけ答えてサラッと立ち去りました。

人の噂というのは、あくまで噂。よい噂だろうと悪い噂だろうと、勝手に言い伝えられているものなので、こちらで正しく訂正のしようもありませんから、わざわざ「え？　何て言ってたの？」なんて、聞かないに越したことはありません。

向こうから言ってきて耳に入ったとしても、すぐに忘れてしまったほうがいいですね。自分でどうしようもないことは、そもそも気にしないほうがいいと思いますし、それにとらわれることは、自分を大切にしていないということです。

本を出す機会をいただいたり、ブログで情報発信したりしていることについても、評価云々よりも、ただ、必要だと思っている方に届いてくれていたらいいと思っています。

自分の機嫌を左右するのは、他の誰かの言葉や存在ではなくて自分自身です。

だからこそ、いつだって自分が機嫌よくいられるように、情報は軽やかに取捨選択していきたいですね。

13

「不安」を落ち着かせる

不安になったとき試してほしいのが、心を落ち着かせる「内関《ないかん》」というツボです。
気と血の流れがよくなって、鬱々とした気持ちが晴れてきます。

お仕事をしながら通院されている方の中には、学校の先生も多くいらっしゃいます。もともと業務が幅広く、授業や部活、進路指導、保護者への対応など、精神的に大きなストレスがかかってしまい、心身疲弊していらっしゃる方も少なくありません。

実際に、学校の先生の精神疾患による休職者数は、2022年には過去最多の6539人に達しているといいますから、教職の方にはよりご自分を労っていただきたいですね。

以前いらっしゃった教職の患者さんが、「保護者の方と話すとき不安が強い」と言われたので、「内関《ないかん》」というツボをお伝えしたところ、「試してみます」と言ってお帰りになりました。

「内関」は、前腕の内側、手首から指3本分（約3センチ）ほど肘寄りにかかったところにあるツボで、自律神経を整え、気持ちを安定させる効果があるとされています。2本の筋（腱）の間に位置していて、押すと「ピリッ」とした感覚があります。

ここを10秒くらい押さえて、少し離す。これを3回繰り返します。

深く深呼吸をしながらやると、不安な気持ちが少し落ち着きます。不安なときにやってみてください。効果は人それぞれですが、不安なときや心配なときに何かひとつ、これをやると決めているルーティンのようなものがあるだけで、心の支えにもなります。

14

恨みは「忘れる」ではなく「かき消す」

積年の恨みは、病の元になります。
恨んでいること自体が
どうでもよくなるくらいに、
心がわきたつもの、
心が動くものを見つけます。
これは、あなたの人生なのですから。

誰かへの恨みは、そう簡単に忘れられるものではないかもしれません。そうであったとしても、過去の恨みをずっと抱えて生きていくよりは、年齢を重ねるごとに、いやなことはサラリと忘れて、今日出会う人や今日起きることに意識を向けて生きていくのが幸せなのではないかと思います。

過去に起きたつらいできごとが忘れられず、恨み続ける人、さらに年々恨みが深くなっていく人がいますが、「あのことだけは絶対に許さない」とか、「私の目の黒いうちは」と言っていると、眉間にはシワが寄ってしまい、ずっとしかめっつらでしょう。

そんなときは、もしもここで恨みを忘れて、自分のために生きられるのなら、これから1年、どんな毎日が待っているのか、想像してみてください。

過去に起きたことは、変えられません。

相手やできごとのせいにしていても、幸せな気持ちにはなれません。

幸せになるために、今できるのは、今日をどう生きるか、どう自分を大切にするか、ということだけです。恨みに苦しめられないためには、その恨みをなんとかしようとするよりも、それをかき消してしまうような、それよりも「大きな喜び」を見つけるのが早道です。「大きな喜び」は、日常の中に隠れていますから、それを見つけ出してください。そのために、今に意識を向けて、今日出会う人、起きることに集中します。そして、生きている限り、「今日」は続きます。

15

恨みは「病」になる

恨みを持ち続けるということは、
自分を惨めにしていくことです。
人への恨みが自分を不幸に陥れ、
笑顔になれるはずの時間を奪います。

患者さんのなかには、夫の不貞に対して、積年の恨みを募らせる方も少なくありません。「もう20年も前のことだけど、今でも許せない」と、涙を流される姿に、私は「ご自分を大切になさってほしい」という気持ちでいっぱいになります。

自分に対して酷いことをした夫を、許すか、許さないか——夫が悪いのに、なぜ許さなくてはならないのか。許すと負けた気になるし、でも、許さないままだと心がつらい。何度も傷つけられたときのことを反芻《はんすう》していると、それは、今もその状態を体験していることになり、脳は強いストレスを感じて常に戦うモードになります。

アドレナリンやコルチゾールが増加し心拍数や血圧が上がり、筋肉はこわばりからだはいつも緊張状態。この状態が長期化すれば、徐々にからだに影響が出てきます。免疫システムが抑制され抵抗力も低下し、病気にもかかりやすくなってしまいます。

その方には、私は、神経が過敏になってしまうときに処方する漢方薬をお出ししつつ、そのことを「ほんの少しでも考えない時間」を持つようお伝えしました。

許すか、許さないか。それを「考えること」をいったんやめる。考えそうになったら、別のことをする。浮かびそうになったらまた別のことをする。テレビのチャンネルを変える、誰かに電話をする、動画を見る、慌ただしいけれど、すぐに意識を変えるようにします。新しい習いごと、新しい人との関わり、部屋の模様替えもいいですね。恨んでいること自体を忘れる時間を増やしていく。

多くの場合、許すも許さないも「どっちでもよくなる」ように思います。

16

孤独は「自由」

孤独を感じられるのは、
「自分」を感じられているからです。
孤独であるからこそ、自由があり、
誰かとつながりたいと思えます。
孤独を携えているからこそ、
人とのつながりが尊いものとわかります。

誰もが、「自由でありたい」「自分らしく生きたい」と願っています。
それができない理由の中で一番大きなものは、やはり、人間関係ではないでしょうか。

やりたいことに反対されれば動きにくくなり、好きになってほしい人に冷たくされたら苦しくなります。誰かの反応に振り回されて自由に生きられないとしたら、そこから自由になるということは、自ら「孤独を選ぶ」ことだと言えるかもしれません。

自由と孤独はセットなのです。

誰にも縛られない自由というのは、孤独な状態であるわけです。

ただ、その孤独な状態を「寂しい」「つらい」と思うのか、「この自由をどう満喫しよう」と思うのかは、自分の心一つです。

また、いつも孤独を選ぶ必要はありません。

子どものころ、学校で友だちとワイワイ遊んで、喧嘩して、ときに悩んでいたかもしれません。そして、家に帰ったら自分の部屋にこもって、本を読んだり、趣味に熱中したりして、孤独に過ごすうちに自分の本音に気づいたりもしたでしょう。

大人の人生の中にも、このオンとオフが非常に重要です。

常に人間関係の喧騒の中にいると疲れてしまいますし、いつも孤独に過ごすと寂しさが増していきますが、自由と孤独を、自分の意思で行ったり来たりしながら過ごせれば、私たちの心はより健やかに、安全になっていきます。

2章

ほどよい孤独で自分が見つかる

17

「探すから」見つかる

「何か面白いことはないかしら」

そんな気持ちで世の中を見渡すと、
何かしら、「楽しいこと」「好きなこと」

「応援したいこと」は見つかります。

「見つけよう」としているかどうかです。

「何か面白いことがないかしら」と、いつもさまざまなことに関心を持っています。
そのときどきで、ニュースになっていることは、さまざま特集記事があったり
YouTubeの解説があったり、興味さえ持てば、そこからあっという間に深めていくこ

とができる時代だと感じています。

24年は、メジャーリーグの大谷翔平選手の活躍を、日々大いに楽しませていただきました。野球好きというわけでもありませんでしたが、シーズン中は、試合の様子を診療後にインターネットで確認したりしていました。野球に一途なだけでなく、何事にもひたむきなご様子に、多くの人が感銘を受けたのではないでしょうか。

最近は「推し活」という言葉もあるようですね。熱中しすぎなくてもいいので、今の流行の波に軽く乗って、誰かを応援してみるのは元気の素になります。

誰かを応援しているときには、脳からエンドルフィンやドーパミンなどのいわゆる「幸せホルモン」が分泌されると言われていますし、ストレスの解消やリラックス効果につながります。

患者さんを見ていても、お孫さんがスポーツを頑張っていることを応援していたり、自分自身が昔好きだった趣味に没頭したりする時間を持つと、うつ気味だった方も元気が湧いてくるようです。自分が楽しいと思うことを見つけることは、人生の旅路の地図に人生の幸福の地図が重なるようなもの。「人生の宝物を見つける」と意識して日常を見ることです。

18

「自分ごと」に視線を戻す

「自分以外のこと」を
なんとかしようと思っているとき、
人は好奇心を失うことがあります。
小さな「好き」を思い出すことで
「関心の持ち方」を思い出せます。

会社の人間関係や、夫婦関係、嫁姑関係、子ども。自分以外のことで悩み続ける患者さんには、いつも「何か、新しいことをはじめてみたら？」とお伝えしています。
「私、お花が好きだったのでスクールに通ってみます！」と言って、パッと笑顔になって帰られて、ご自身でつくられたリースを持ってきてくださった方もいらっしゃいました。一方で、「何をやっていいのかわからないんです」とか「やりたいこともないし」とうなだれる方もいらっしゃいます。

こういう方を見ていると、本当はやりたいことがないのではなく、好奇心の持ち方をお忘れになっているだけではないかと思うことがあります。

悩みというのは、ほとんどが、自分と自分以外の人との関係性です。そして、悩みの中に長くいると、悩みを解決することだけが目的になってしまい、自分自身の気持ちや人生を疎かにしがちです。

人や環境をなんとかしようとすることから少し離れて、自分がどんなことが好きだったのか、思い出してみてください。

植物に水をやっているときにホッとする、おいしい紅茶を飲むときが幸せ、ゆったりくつろぐお風呂時間が好き、など小さなことで構いません。日常のなかのちょっとした「好き」を大切にしていると好奇心が育ちます。

いきなり活発に動き出せなくてもいい。少しずつでいいのです。何かに「関心を持つ」ことの楽しさを思い出しましょう。

19

「最先端」こそ触ってみる

インターネットは、非常に便利。
年齢を重ねた人ほど
挑戦しがいがあります。
できるようになったら、
生活がとっても便利になりますよ。

「今さら新しいことはちょっと」とおっしゃる方には、それはもったいないとお伝えしています。パソコンやインターネット、スマートフォンなど、さまざまな文明の利器のおかげさまで、93歳の私の仕事も学びも、画期的な進化をしています。

漢方に関する講座など、気になるものはオンラインで受講できますし、最近は東京の出版社さんと、ZOOMやGoogle Meetを使ったオンラインでの打ち合わせをしたりすることも増え、ずいぶん便利になったと感じます。

最新機器は、年齢を重ねた人にこそ使ってみてほしいと思います。若い人たちに非常に便利なものというのは、年齢を重ねた人たちにとって、もっと便利なものだからです。難しいと思いがちですが、やってみると誰もが感覚的に、使いやすいようにできていることに気づきます。

新しい挑戦は頭と心の栄養です。できなかったことができるようになる、というプラスの経験を、いくつになっても重ねていきましょう。「無理」と拒絶する前に、「わからないから教えて！」と、知っている人に教えてもらってみてください。

SNSを活用すれば、自宅にいながらにして、世界中とつながれますし、翻訳アプリを使えば世界中の人と話せます。きちんと距離をとりながら関わっていければ、孤独に苛まれることも減るでしょう。

今私がはじめようとしているのはオンライン診療です。そろそろ実用に向けて準備中ですが、医師としてできることを、時代に合わせてやっていきたいと思っています。

20

いつでも「学ぶ側」にいる

スマホはシニア向けではない、
子や孫と同じiPhoneです。
いつも自分を「学ぶ側」に
置いておくことができれば
謙虚さとやさしさを持ったまま、
新しい世界を体験できます。

ひ孫ができてから、時折孫が写真を送ってくれるようになりました。スマホの写真機能の中のアルバムを作成して保存する方法を覚え、写真を送ってくれるのがとても楽しみになりました。

他の孫たちの写真も、送られてくるたびに、子どもや孫それぞれの家族ごとにフォルダ分けしてアルバムに整理するようになりましたが、スマホは本当に便利ですね。LINEで遠くに住む家族ともつながれますし、こんな便利で楽しいものが手元にあっていつでも使えて、幸せな時代です。

スマホの使い方が難しいからと、シニア用のスマホを使う方も多いようですが、便利な機能もたくさんあることと、脳の運動にもなるので、通常のスマホを自分が使いやすいようにカスタマイズするほうが便利です。

使い方がわからないなら、わかる人にきちんと教えを乞うことです。長く生きていると、つい説教する側に回ってしまいがちですが、これではもったいないですね。自分が常に学ぶ側でいることによって、謙虚さも生まれます。

川村学園女子大学などの研究によると、70、80代はネットの利用度が多いほど、社会活動が促進され、社会活動が促進されることで、精神的な健康が得られるという結果が出ています。

最近はスマホを使いこなすための講座もいろいろ開催されているようですから、頭の体操と考えてぜひ挑戦してみてください。

21

「できない」を数えない

日々、できなくなっていくことには
さほど注目しなくてもいい気がします。
それよりも「ずっとやりたかったこと」
を自分にやらせてあげましょう。
ワクワクする気持ちこそ、
人生の豊かさそのものです。

私は、自分のモットーとして、興味が持てることややりたいと思うことは、できるかどうかは考えず、まずはやってみるようにしています。子どもたちに対しても、やりたいことは何でも挑戦させましたが、子どもの習いごとの待ち時間に、私は英会話を習い英検を取得したり、料理教室に行ったりしたこともありました。

今も、持ち前の好奇心は衰えないようで、インターネットのニュースを見ながら、「これ本当かしら」と思えば調べてみたり、からだによさそうと思う食材やサプリメントを試してみたり。日々漢方の勉強を続けていることも挑戦ですし、もちろん、89歳で今のクリニックを開院したこと、日々続けていることも、私の大きな挑戦です。

挑戦することは元気の素。だからこそ、患者さんにも、新しいことに挑戦したり、没頭できることをはじめたりすることをおすすめしているのです。

年齢を重ねるに従って、できなくなることも出てきますが、今から新しくはじめられることもたくさんあります。今日、今からできることというのは生きている限り何かしらあるものです。

そして、今までやったことがないことをできるようになる体験を続けているほうが、元気でいられる気がします。長距離のランニングができなくなってきたなら書を習ってみる。そうやって、今の自分にできることをやらせてあげてください。

22

仕事は「花」より「実」

長く仕事をしてきたいま振り返れば仕事とは「花」より「実」なのかもしれません。

「楽しい」や「成果」といったその先で結ばれる実りが、自分の世界を広げてくれます。


ひとりで働いて育ててくれた母から、「自分に与えられた仕事は、きちんと全力でやらなあかん。そうしたら、花が咲いて実がなるんよ」と、教えられました。

当時はまだ10代、「花が咲いても、花が落ちて終わりってこともあるやん」などと口答えをしていましたが、今、振り返ると母の言葉は私が仕事をする上で指針になっていると感じます。

「仕事がつらいから辞めたい」とか「仕事が楽しくない」とやる気を失っている方がいますが、仕事というものは、最初から楽しいわけでも、いつだって楽しいわけでもありませんね。スポーツでも勉強でも、誰でも最初からできるわけではありません。

基本を身につけているときはできなくてくやしかったりしますが、やっていくうちに「できた」という瞬間に巡り合います。どんどんわかってきたり、できるようになったり、成果が出ることで、初めて「楽しい」という気持ちが湧いてきます。その先に、今度は、スランプもありますが、乗り越え方がわかると、そこからはやればやるほど楽しくなり、工夫を重ねてレベルアップしていくのです。

「花」が咲き、さらに「実」になるまで続けることで、ようやく手にした種が、新しい自分を芽吹かせます。私自身も、産婦人科医から精神科医、漢方医へと自分の世界を広げてきました。あまり先読みしなくとも、まずは、目の前のことを一所懸命にやってみることで、見えてくる道もあります。

23

「点」はいつか結ばれる

道は案外、思わぬ形で開けます。
さまざまな「点」を打つことを
気後れすることなく続けること。
点と点とがつながり、奇跡のように
優美な線を描くことがあります。

89歳で前のクリニックの院長を辞めることになったとき、「医師を続けたい」という思いは明確でした。同時に「この年齢で開院するなんて」とも頭をよぎりましたが、当時はコロナ禍で、心が塞ぐ方のお役に立ちたいという思いと、家族の応援に背中を押されました。整形外科医をしている長男は、「日本にはまだ漢方心療内科がほとんどない。開業してみたらどう？」と背中を押してくれました。

いざ開業してみたら、これまでの経験がすべて役立ちました。

私は、産婦人科医として働きはじめましたが、結婚後、5人目の子どもを出産してから14年間は専業主婦でした。医師の仕事に復帰したのは51歳のときです。

当時、「これからは脳の研究をしてみたい」と、脳神経学への興味から母校の精神医学教室に入局し、精神科医として現場に復帰しました。子どもの病気について調べるうちに漢方薬に関心を持ち、また、通信課程ではありますが、女子栄養大学で栄養学を、慶應義塾大学で心理学を学びました。結果的にそれらすべてが、患者さんのために役立つことになりました。

例えば、女性のＰＭＳ（月経前症候群）、ＰＭＤＤ（月経前不快気分障害）や更年期障害については、漢方医、精神科医、産婦人科医として心のケアに必要な漢方薬を提案し、さらに栄養についてもお話しすることができます。いくつもの点が線になる。これまでの人生でやってきたことがつながって、社会の役に立てることもあるのだと実感しています。

24

「今さら」は禁句とする

年齢制限はもったいない。そして、自分の可能性を遮るのは、多くの場合、誰かではなく自分です。何歳になっても新しいことに挑戦していい。誰も止める人はいないのです。

クリニックを開業して、3年が経ちました。娘や息子たち、家族が協力してくれたおかげもあって、無事開院することができました。まだまだ、患者様のお役に立てることに感謝するとともに、漢方についての勉強を怠らないよう努める日々です。

最近は、次男である事務長が、産業カウンセラーの資格を活かして、患者さんのカウンセリングを担当してくれていますが、先日、「せっかくだったら、医学部に編入して、精神科医になったら？」と真面目に伝えたら、「先生は本当に、年齢制限がない」と驚いていました。60になってもまだまだ勉強できる年齢ですし、実際にそのくらいの年齢で医学部に入学した方のニュースも見ました。私は大真面目ですがどうでしょう。

患者さんのお話を聞いていても、「今さら」とか「この年だから」と、年齢で自分の行動や未来を制限してしまう傾向があります。もちろん、無理をして新たな挑戦をする必要はありませんが、やりたいことがあるのに、それを年齢のせいにしてやれていないのなら、その年齢制限の〝看板〟は、さっさと下ろすことです。

人生は一度しかありませんし、年齢を重ねれば重ねるほど、不調は何かしら出てくるものです。だからこそ今の自分にやれることがあるのなら、今はじめてみたほうがいい。

できるかどうか、なんて、気にする必要はありません。それを知るためにやってみるのですから。

25

いつだって「これから」を話す

「これまで」を振り返るのは、
あの世で十分だと思っています。
いまの時代に合わない、
過去の長話は退屈です。
生きている限り、いつだって
「これまで」ではなく「これから」を。

社会の制度が時代とともに移り変わっていくように、医療機関にも変化が絶えません。昔は、産婦人科で診ていたPMSやPMDDなどの月経前症候群は、現在は、精神科や心療内科でも診ることができるようになりました。

企業では、働き方改革の流れで残業などがなくなり、女性管理職を増やす動きがあるようですが、同時に、働く人たちの意識改革も求められています。

「俺らの若いころは」なんて、昭和のがむしゃらな働き方を部下に押し付けるとパワハラとされますし、女性蔑視の言動や過度な叱責などを改めなければモラハラやセクハラになることもあります。

このように、時代の「あたりまえ」は、刻一刻と変わりゆくものです。

一方で、自分の「あたりまえ」は時代とともに、あたりまえではなくなっていきますから、特定の価値観や考え、ものごとに執着したり、人に押し付けたりすると、途端に生きづらくなります。

そして、時代に置いていかれると、孤独感も増していきます。

「私はこうしてきたのに」とか「これが常識」と、過去のやり方や価値観に執着してしまうときは、「今の時代では、どうしたら私は生きやすいだろう」と、新しい方法を考えるほうに切り替えることです。

26

いやなことには「いいことの種」が

悪いことが起こったら、いいことの種が蒔かれたと思いましょう。いやなことのなかにも、いいことの種があることが人生の彩りだと思います。

人生、いいこともあれば、悪いこともある、と言いますが、私は、悪いことのなかに、いいことの種があるような気がしています。

つらい状況にあったとしても、それがずっとは続かないし、悪いことのように見えることのなかには、いいことにつながる未来の種がかならず蒔かれています。

私は89歳のとき、当時、院長を務めていたクリニックで、「先生はもう90歳ですよ、そろそろ」と、引退のお伺いをされました。私が受け持っていた患者さんの担当からいつの間にか外されてしまい、元来、前向きで元気な私も、このときばかりは、胃潰瘍をわずらいました。心労が胃にくるというのは本当なのだと思ったものです。

私はクリニックを辞め、自分のクリニックを開くという挑戦をすることになりました。89歳での開業は、思いがけず、本を書くという経験にもつながりました。

今振り返ると、あのとき病院を辞めていなかったら、こんな新しい経験はできませんでしたから、いやなことのなかにもいいことの種があると実感しています。その種を丁寧に拾って、蒔いて、新しいことに挑戦すると、何歳からだって、新しい世界が待っているのですね。

いいことがあったら心から喜びましょう。いやなことがあったら、そのなかにあるいいことの種を拾ってすぐに蒔きましょう。いいことも悪いことも、人生という畑に色とりどりの花を咲かせ、やがて果実となって実ります。

27

過去は「アルバム」にだけ

過去は過去、今は今。
過去の肩書きも、地位も、プライドも、
人生のアルバムに収納して
思い出にしましょう。
大切なのはいつも「今から」です。

人より少し長く仕事を続けてきたことや、89歳で開業したことで、話題にしてくださることがあるのですが、実際は、ただ、日々目の前にいらっしゃる患者さんに最適な処方を考え、一所懸命に対応し、「大丈夫ですよ。必ずよくなります」とお伝えすることに専念してきただけです。

心療内科を開いていると実感することがあります。それは、肩書きというのは、そのときにその組織で必要な役割の名前であって、人の価値を決めるものではないのだということです。

現在は、定年後にシニアスタッフになって再雇用される時代です。責任のある仕事からは外されてお給料が減り、かつて部下だった人のもとで働かされて重要な仕事は回してもらえずに悩む方も増えているようです。もちろんいっときは変化を受け入れられずに、「なんでこんな目に遭うのだろう」と思うこともあるかもしれません。

肩書きとか、役職とか、社会的な地位は、「過去の栄光」として顕示するのではなく、過去の心のアルバムに収納してしまうくらいのほうがいいのです。必要な人は、時折見直して「あのころも頑張ってたな」と微笑みながら見返せばいい。

過去は過去、今は今。

あなたの価値は過去にはありません。

自分がこれまでやってきたことにこだわるよりも、肩の力を抜いて、新しいことに挑戦しましょう。過去の積み重ねは今に生かされます。

3章

ほどよい孤独で自分が整う

28

自分にこそ「よく頑張りました」

人に振る舞っていたエネルギーを
自分のために使っていくうちに、
少しずつ、心身に力が戻ってきます。
ひとりになって、
自分をいたわる時間こそが、
エネルギーの自家発電になるのです。

人には親切なほうがいいですし、誠実なほうがいいのですが、自分の余力以上の力を他の人に注ぎ続けると、自分のエネルギーが枯渇して動けなくなります。

いつも人のために何かしなくてはと思いすぎて、人のために頑張りすぎて、結果、疲れ果ててしまうのであれば、自分一人になって自分の世話をする時間を持ってほしいと思います。

人は、自分の心に余裕がないと、人に親切にできず、思いやりも持てなくなり、「これだけしてあげたのに」と、見返りを求めてしまったり、人を羨ましく思ったり、妬みの心が生まれたりもするのです。

さらに、そう思ってしまった自分を責めて、「私が悪かったのかもしれない」なんて、自己憐憫に陥ってさらに苦しくなってしまうのなら、まずは、自分にこう伝えてあげてください。

「ここまでよく頑張りましたね」と。

そして、人に振る舞っていたエネルギーを自分のために使ってあげてください。少し、一人になる時間も必要かもしれません。おいしいものを食べ、美しい景色を見て、森林浴をして、深呼吸してみてください。

頭の中を空っぽにし、自分だけの、少し孤独な時間を大切にしてみてください。あなたの疲れた心をやさしくいたわることができる、一番身近な存在はあなたです。

29

「ネガティブ思考」に陥るときは

「心」のことを「からだ」で解決できることはよくあります。

ネガティブな思考にとらわれてしまうときは「からだ」や「手先」を使って、心を「動かす」ことを試してみます。


落ち込むことは誰にでもあることですが、すぐに切り替えて「これからどうするか」を考えられる人と、落ち込みを長引かせてしまう人がいます。

この、落ち込みを長引かせてしまう原因のひとつが、心理学的には「反芻思考」、医学的には「抑うつ的反芻」と呼ばれるものです。これらは、うつ病や不安障害などの精神疾患の症状やリスクとして考えられています。

「あのとき、ああしなければよかった」

「あの言い方が悪かったのかもしれない」

そんなふうに、ネガティブな考えがぐるぐると頭の中で繰り返してしまうと、徐々にネガティブなことを考えるのが習慣になり、何に対しても悪い方向に捉え、抑うつ状態を強めてしまうことがあります。そして「考えないようにしよう」と考えるほど、意識してしまってさらに囚われてしまうこともあるようです。

そういうときは、「今、それに対して自分にできることがあるか」について考えてみましょう。できることがあるのなら行動します。ないのであれば、そのことを一切考える余裕がないくらいに、別のことに集中する時間を持ちましょう。

たとえば、筋トレをしてクタクタに疲れてみたり、大人の塗り絵に没頭してみたりと、心の問題を心で解決しようとせず、からだを動かすことです。心は、からだを物理的に動かすことで解決できることがあります。

30

「記憶」はときどき嘘をつく

人の記憶とは硬い岩ではなく、日々再構築される、やわらかいものなのかもしれません。

思い出されることで、楽しい思い出はさらに幸せなものに。

思い出すなら、よい記憶を。


子どもたちと話していると、家族みんなで体験した同じひとつの思い出が、記憶のなかでは、それぞれ少しずつ違っていることがあります。

次男が小学生のころ、父親に怒られて裸足のまま外に放り出されたのに、ドサクサに紛れてちゃっかり靴を取り、そのまま反省もせずに公園に遊びに行った話も、幼稚園のときと記憶している者もいれば、公園ではなく女の子の家に遊びに行ったと覚えている者もいて、面白いものだと思いました。

イギリスのフレデリック・バートレットという心理学者は、人間の記憶は一度記録されたまま永久保存されて思い出すたびに再生されるのではなく、思い出すたびに再構築されていると言いました。なるほど、そうなのかもしれません。

感情が強く動いたものほど、記憶されやすく、思い出しやすいものです。恨みや怒りは何度も思い出してしまい、その状況がどれほど酷い状況だったのか、相手がどれほど悪いのかなど、どんどん悪いほうへ再構築してしまうことも起こり得ます。

つらい記憶が自分を苦しめるとき、「つらかった」という気持ちに寄り添いつつも、「記憶は再構築されている」とも考えて、客観的に見るよう意識することも必要かもしれません。同じできごとを一緒に体感した人と、気持ちをシェアしてみることで、違う見方ができて気持ちが晴れることもあります。つらい記憶を思い出したときも、ただ「つらかった」ではなく、そこから得られた何かひとつよいことを添えて、少しずつ「上書き」できるといいですね。

31

「察してほしい」は自分勝手

ひとりで勝手に我慢することほど、相手にとって迷惑なことはありません。「こうしてほしい」を伝えることは最低限のマナー。それを言わずに、勝手に腹を立てているとしたら相手が少し気の毒です。

患者さんのお話を聞いていると、人の思いは黙っていてはなかなか伝わらないのだと実感します。親の大変さを気遣って自分の希望を飲み込んだことで望む進路を選べず、成長してから「あのとき自分の希望を言えなかった」と言うと、親から、「言ってくれたら応援したのに」と言われショックを受けたという話を聞いたりします。

とくに、「こうしてほしい」という希望があるのに言い出せずに我慢しているというような場合、「実は我慢している」のだということが、相手にまったく伝わっていないことも多いのではないでしょうか。

ですから、ある日突然、溜まりに溜まったその怒りをぶつけてしまうのかもしれませんが、相手にしてみたら寝耳に水ということもあります。何より、怒りを爆発させても、ものごとは悪化することがほとんどです。夫に対して「昔育児をしてくれなかった」とか「義父母から守ってくれなかった」など何かしら抱えていても、「許せない」と何度も伝えたところで解決に至るのは難しいでしょう。

怒りや悲しみが続くときは、ホルモンバランスの乱れや、栄養不足、または、本当に疲れてしまっているということも少なくありませんから、まずは、自分のケアに力を注いでください。相手を責めるよりも、自分の世話が先です。

そして、「あなたが悪い」と責めるのではなく、自分の希望やしてほしいことを、「私はこうしてほしい」と伝えること。してほしいことは、伝えるべきなのです。「察してほしい」「言わなくてもわかってほしい」は自分勝手かもしれません。

32

「コントロール」しない

悪気はなくても、「わが子への期待」が「親の思いをかなえるもの」に、すり替わってしまうことがあります。子の人生がよきものに、という願いはコントロールとは別モノです。

私には子どもが7人いますが、子育てで「しなさい」と言ったことは一度もありませんでした。「やりたい」ということを応援して、「やりたくない」と言えば無理してさせない。どこかでそれぞれの個性や得手不得手を興味深く思いながら、気楽に構えた子育てだったように思います。手を焼いた時期がある子もいましたが、それもいい思い出。7人7様、個性豊かに育ってくれました。

また、子どもには医師を継いでほしいとも一切言ったことはなく、思ってもいません。それぞれ、自分の人生を幸せに生きていってくれることのほうが大切です。

誰が継がなければとかではなく、子ども7人は平等で、それぞれ自分が納得いくように生きてほしいと思っています。

日本ではまだ、長男の息子が家を継ぐという価値観が残っているようですから、自然と「いつか家を継がなくては」と考えている人も多いのかもしれません。

もちろん、家を継ぐことが、自分に合っていると思えて、自分の人生の選択肢としてあるのだとしたらそれは幸せなことだと思いますが、子どもの意に反することを期待するのは、期待ではなく、コントロールだったりもします。

期待は、いつだって、相手の幸せや成長を願うもの。そして、そのために手助けできることがあったらする。そのようにありたいといつも思っています。

33

人の失敗は「先に忘れてあげる」

人は失敗したり、忘れたり、なくしたりするものです。怒ったり咎めたりせずに「今私にできることは？」と考えます。多くの場合、自分の失敗と比べれば「マシなほう」がほとんどです。

次男が高校生のとき、修学旅行先でカメラを紛失したことがありました。7泊の修学旅行の初日のこと。私は電話を受けてすぐにカメラを購入して宿泊先に送ったのですが、最近になって、たまたま次男とその話をする機会がありました。

次男は、こんなふうに言いました。「当時はカメラも高い。でも、公衆電話から電話すると、なくしたことを怒るわけでもなく、ただ一言『そうか、カメラ送ろうか』と言ってくれた。なかなかできることじゃないなと、大人になってから思った。何か起きたとき『今、無理なく自分にできることは何か』と考えている」と。

ちょっとこそばゆい気持ちにもなりましたが、こんなとき、起きてしまったことに対して一番反省しているのは本人ですから、怒っても仕方がありません。それよりも、一生の思い出になるはずの修学旅行ですから、「今できることは何か」を考え、カメラを送った。それだけのことですが、次男から見ると、「怒ったり、責めたりすることは一切なく、じゃあどうするかを考えてくれた」と印象に残っていたようです。

人は、誰でも、失敗をします。誰だって、物をなくしたり、予定を忘れたりするのですから、それを責めたり、怒ったりしても仕方ありません。そんなことよりも、「じゃあどうしましょう」「私にできることは?」と考えて行動する。誰かの失敗なんて、多くの場合「自分のときよりはマシ」と思えることばかりではないですか?

34

「自分のせい」は脇に置く

心身のバランスを崩している
家族と接するときは、接する側も、
心身の健康に気を配ること。
「私のせいかしら」なんて、
ご自分を責めないでください。

不登校や発達障がいなど、お子様連れで来院される方の場合は、一緒にいらっしゃる保護者、多くの場合はお母さんにもお話を聞き、様子を観察しています。

昔は、母子同服と言って、子どもと一緒に母親が「お母さんも一緒に飲むからね」

と言って漢方薬を飲むことで、子どもが安心して飲んでくれる意味合いがありました。子どもの夜泣きに、母親に対して小建中湯《しょうけんちゅうとう》を処方することもありました。

一番身近にいる家族の存在は、子どもの心身の状態に影響を与えます。現在は、母子同服で同じ薬を処方することはできませんが、お子さんの診断をして漢方をお出ししつつ、お母さんにイライラや不安などの症状が見られる場合は、お母さんが望まれるようなら漢方を処方することがあります。

また、以前、入院していた双極性感情障がいのお子さんが自宅に帰ってきたことで、ご家族が、心労で抑うつ状態になられて不安で夜眠れなくなったことで、ご家族の方に漢方薬をお出ししたこともあります。

子どもの不登校や心身の症状に対して、「私のせいでしょうか」と不安や自責の念を感じられる親御さんもいらっしゃいますが、現状を一気になんとかしようと思いすぎずに、焦らずに、まずは、しっかり服薬して、栄養のあるものを食べさせ、日光を浴びさせるなど、今できることからやってみることをおすすめしています。

(35)

「曇らない目」で見る

初心に帰るというのは、
客観的な目を取り戻すことでもあります。
「これまで」どうだったのかよりも、
「今」はどうか、「これから」はどうか。
心が自然と若返るような気がします。

1日のうち5、6人が初診の患者さんという日があります。初診の方の場合は、精神疾患をわずらっていらっしゃるのか、更年期などの症状をお持ちなのか、漢方薬に興味を持たれていらしたのか、お会いするまではわかりません。

事務長は、初診が多い日は私の体調や疲れ具合などを心配しているようですが、仕事をしているときのほうが元気でいられますし、初診の際には漢方医として毎回「初心」に帰っていることとも言えます。

30分程度、お話を聞いて診察をし、簡易抑うつ尺度などを測定して、初回の処方を行います。カウンセリングルームではないので、症状の原因となったできごとや患者さんが言葉にされる感情の部分よりも、その感情が生まれる理由――栄養バランスであったり、自律神経の状態であったりを見極めることに意識を向けます。

また、再診の患者さんについても、症状が今どのように変化しているのか、表情はどうか、からだの状態はどうかについて診察していきます。ご本人、または、ご家族の方は、体調や感情の微細な変化には気づきにくいものです。漢方薬の効果はゆるやかであることも多く、「そういえば最近、あまり落ち込まなくなっている」と気づくことも多いようです。

人は、自分や人の感情や言葉にとらわれているとき、現状を正確に把握できなくなるものです。目の前の課題や状態をよくしていきたいと思うときは、客観的な視点を自らもつ、または誰かに客観的な視点をお借りしてみるとよいかもしれません。

36

「自分の頭」で考え続ける

よい情報も、人からのアドバイスも、「誰かがいいと言ったから」ではなく「検討して、試して、受け入れる」くせをつけることです。考えること、調べることを、放棄してはいけません。

通販の健康サプリメントや健康食材は世の中にあふれています。「何を飲んだらいいのかわからない」と悩んだり、テレビの健康特集を見るたびに、ひとつの食材に凝ってみたり、結局何がからだにいいのかわからない、と聞くことがあります。

私はというと、気になる食材やサプリメントは気軽に試すほうですが、半年や1年と時間をかけて吟味し、自分に合う、必要と思えるものを継続するようにしています。

病気にしろ、人間関係にしろ、自己実現にしろ、悩んだときに情報を得る手段が、今は、無数にありますね。

情報収集の段階では、頭から否定したりせずに心を開いて、広く意見や解決策についてのアドバイスを聞いて、広くその情報に触れてみる、解決策を検討してみるのはいいと思います。

大事なのは、どうするのかを決めるのは自分自身だということです。誰かがいいと言っていたから自分も同じようにやってみる、というのではなく、あの人が宣伝していたからよさそう、でもない。「なぜ、自分がそれをどういいと思ったのか。今の自分にはどう必要か」、その理由をきちんと考えることは大切です。

とくに健康についての情報は玉石混交と言わざるを得ません。テレビやネットで言っていたから、ではなく、自分で情報を探すことを習慣にしたいものです。

自分の頭で考えること、調べることを放棄してはいけません。「誰かの言う通り」は卒業しましょう。

37

「情報」と少し離れる

ニュースやSNSとは、
ほどよく距離を置くほうが
心穏やかに過ごせる気がします。
本当に関係あることは、
ご自分のことだけ、のはずです。

テレビやインターネットで情報を検索し、新しい情報に触れることが好きです。
医学界の新しい情報に触れられることもあれば、世の中の流れを知ることもできて、時代の流れを肌で感じることができます。

同時に、テレビの中のニュースやSNSで流れてくる情報とは、少し距離を置いて接するのがいいと思っています。

クリニックにいらっしゃる患者さんの中には、「災害のニュースを見て落ち込んでしまって」という人や「SNSで、人からの反応が怖い」という人もいらっしゃいます。

災害などの映像を何度も見ているうちに、不眠やうつ症状が出ることがあります。自分が体験したかのように日々、鮮明に映像を思い出して食べられなくなるという人もいますが、これは間接的な体験によって起きるPTSD（心的外傷後ストレス障害）です。調子が悪いと思ったら、医療機関にかかることも大切です。

また、インターネットでの情報は、正しいものとそうでないものが混ざっていますから、すべてを現実として捉えて自分の人生に取り入れないようにしましょう。

もちろん、今の時代は、インターネット上でのコミュニケーションも、人間関係のひとつだと言えますが、でも、やはり、距離を詰めすぎないことが大切です。

何よりも大切なのは、あなた自身と、あなたの人生と、現実の日々です。

ご自分を大事になさってくださいね。

38

「まあいいか」で生きていく

心配なことや気がかりなことは「まあいいか」ですぐに忘れるに限ります。気分のスイッチは、ご自分で切り替えることです。

クリニックを立ち上げてしばらくして、患者さんも増えはじめてきたころから、末娘の四女が土曜日にクリニックを手伝ってくれるようになりました。

四女だけはまったく実母の手助けなく自分で子育てをしたからか、四女が一番私に性格が似ているようにも思います。

先日、私が「いつお迎えが来るかわからないから」なんて言ったそうで、四女は心配していたようなのですが、翌日には、「そんなこと言ったかしら」と私が言うので驚いた、と聞きました。私は、そんなことはすっかり忘れていたのでそう言われて驚いたくらいです。そのときは何かしら少しそうしたことを思ったのでしょうが、すぐに忘れてしまいます。

四女も私のそんな性格を受け継いでいるようで、何かいやなことがあったり、うまくいかないことがあったりしても、「まあいいか」とすぐに切り替えてしまうようです。コツがあるのかというとわかりませんが、自分になんとかできないことに固執しないことかもしれません。

四女は「まあいいか」ですが、たとえば「よし、おしまい!」「まぁ、大丈夫!」など、何かご自分の「切り替えスイッチ」のような口ぐせがあるといいですね。言葉は言霊《ことだま》ですから、気持ちを変えて、行動を変える効果は大いにあると思います。

4章 ほどよく休んで元気になる

39

「誰かの100点」はいらない

「完璧にやってやろう」と思うとき多くの場合、人の目を意識しています。すでに頑張っているのですから、自分に鞭を打たず、休むことを重視します。

40、50代は男女ともに更年期の不調を抱える時期であり、同時に、社会的にも忙しくて責任ある立場におられる方も少なくありません。
さらにそれに加えて、親の介護だったり、子育てだったり、孫の世話と、息つく暇もなく自分のことがいつも後回し……という方も多いですね。

自分のことをまったく顧みずに、我慢して、我慢して、我慢して……心身ともにすっかり疲弊した状態でクリニックにこられ、途端に堰《せき》を切ったように「話を聞いてほしい」と泣かれてしまう患者さんもいらっしゃいます。

ストレスを強く感じると、脳やからだが反応し、血管が収縮して、全身が冷えます。血のめぐりが悪くなると、心の状態も悪化していきますから、まずは血のめぐりをよくすることが先決です。からだのめぐりがよくなると、心も少しほっこりします。そこでやっと、ご自分のことを考えられるようになることも多いのです。

患者さんには、時折、人からほめられるための「完璧」を目指さないこともお伝えします。いい人、いい先輩、いい上司、いい妻、いい母……それらを、完璧にすべてこなすなんて、そもそも、誰にもできないことなのです。

誰かの100点を取るためにこれ以上頑張るのは、もうやめましょう。それよりも、自分から「ありがとう」と言ってもらえるような選択と行動を、日々取り入れてみてください。自分からの「ありがとう」が増えていくと、自然と、人からの評価が気にならなくなるように思います。

40

「体調不良」を自己判断しない

心やからだの不調の原因を、
自分で決めつけて
勝手に我慢し続けていませんか？
きちんと検査してみることで、
よくなる方法が
見つかるかもしれません。

私のクリニックを訪ねて来られる方の中に時折、「自分はうつ病のようで」とおっしゃる方がいらっしゃるのですが、それが、思い込みであることもあります。

うつ状態というのは、一時的に気分が落ち込んだり、憂うつな気持ちになったりすることですが、それだけでうつ病とはいえません。うつ状態が2週間以上続いて日常生活に支障が出るという場合には、総合的に判断して「うつ病」の診断をします。

一時的に抑うつ症状があって鬱々《うつうつ》とした気持ちが続くときは、不安神経症の診断をすることもあります。

不安やストレスがかかって心が苦しいことは、誰にでもあることです。

このような、病気ではないけれど調子が悪い「未病」の状態に漢方薬が役立つことがあります。

「漢方を飲んでいけば、徐々に気分は晴れていきますよ。そんな深刻に考える必要はありませんし、即効性を求めて西洋薬で急いで治す必要もありませんから、漢方薬を飲んでみてください」、そうお伝えすると、ホッとした表情になられます。

他にも、更年期障害ではないかとご心配されて受診された50代の男性が、高血圧症でしんどさや焦燥感を感じていたということもあります。血圧が下がってしんどさが軽減されて、ホッとされていました。

心の不調、体調不良のときは、自分のことを客観視してきちんと判断するのは難しいように思いますが、ご自身で判断しないことも大事です。

41

「いい筋肉」は人を前向きにする

筋肉は何歳になっても増やせます。
年を重ねたら、若いとき以上に
筋肉をつけることを意識しましょう。
自分にできる範囲で、
無理ない筋トレや有酸素運動は
人の心を前向きにします。

以前は歩きとバスでクリニックに通勤していましたが、最近、少しひざが痛い日があり、同居する次女が車でクリニックまで送ってくれるようになりました。

とてもありがたいことで、大荷物を抱えて、雨の日も風の日もバスを待つこともなくなりましたが、それでは足腰が弱って困ります。私は、なんとかしたいと、脚の筋肉を鍛えるために、座ったままで誰でも簡単に下半身の筋肉を鍛えられるというバウンドクッションを購入して、午前と午後の診療の間の休憩時間に活用しています。

筋肉は何歳になっても増やせると言われています。

理想は、ウォーキングなどの有酸素運動と、適度な筋トレを行って、近年問題視されている、加齢による筋肉量の減少（サルコペニア）やそれに伴う身体機能の低下を予防することが望ましいですね。

厚生労働省では、高齢者に対して週に2、3日程度の筋トレを行うことを推奨していますが、70歳以上で筋トレを行っている人は11％に留まります。

からだを動かすことは、病気の予防であり、心の健康につながりますから、まずは、ラジオ体操など気軽にできることからはじめてみてください。

また、筋力の低下を防ぐためには、肉や魚、卵、豆腐などアミノ酸を豊富に含んだ食材を摂取することです。

42

認知症予防に「運動」がいい

適度な運動は、
脳の健康と認知機能の維持に
大いに役立ってくれます。
運動習慣がない方も軽い運動で十分。
ほどよく筋肉を使う生活に、
今日から取り組みます。

筋力は、人のあらゆる活動に欠かせないものです。
最近になって、骨格筋から分泌されるホルモンなどの生活活性物質であるマイオカインが、さまざまな臓器に対してよい影響を与えることがわかってきました。

さらに、マイオカインのうちの一つ、ＢＤＮＦという脳由来神経栄養因子が、脳の海馬を活性化し、認知症の予防や改善につながることもわかってきています。

人の筋肉は、25歳ごろから徐々に減っていきますが、「あれ、衰えてきた？」と、自覚症状が出るのは70歳を超えてからという人が多いですね。

また、ある研究では、65歳以上の高齢者の15％ほどは、加齢に伴い筋肉の量が減少していく「サルコペニア」に該当するというデータもありますが、トレーニングをすれば、何歳からでも筋力は鍛えることができます。

ＢＤＮＦは、運動誘発性ですので、中度以上の有酸素運動を中長期にわたって行うことが効果的だと言われています。ウォーキングなどによる有酸素運動は、脳血流量の増大や血管の新生を促し、認知症の予防に関与すると考えられていますので、足腰の筋肉維持のためにも習慣にしたいところですね。

また、ＢＤＮＦは軽めの運動でも分泌されますので、日常生活の中で、階段を利用するとか、テレビを見ながら足踏みや足の指を動かすなど、運動習慣がない方も、小さな決めごとをしてからだを動かしてみましょう。

43

「すぐできる」栄養習慣

ビタミンDを摂取することで認知症や糖尿病のリスクを軽減できます。すぐに取り入れられる健康習慣は、今日からはじめます。

心の健康を阻害する原因として、ストレスや環境の変化が知られていますが、実は、必要な栄養を摂取できていないことで不調が出ることもよくあります。たとえば、ビタミンDの欠乏は、骨や筋肉を弱らせ、認知機能障害や心臓病、糖尿病のリスクを高めると言われています。

アメリカの国立アルツハイマー病医療センターで行われた研究で、平均年齢71歳の認知症ではない高齢者1万2388人を対象に10年間の追跡調査を行ったところ、ビタミンDを摂取していた高齢者は、摂取していなかった高齢者に比べて認知症になる割合が40%も少なかったこともわかっています。また、心筋梗塞や脳卒中などの心血管疾患や糖尿病のリスクを減らすという研究結果もあります。

ビタミンを摂取するだけで病気を予防できるなんて、とても簡単でうれしい健康習慣です。積極的に生活に取り入れたいものです。

ビタミンDは、サケやカツオ、ブリなどの青魚やしいたけやエリンギなどのキノコ類に多く含まれていますから、私は、患者さんには青魚の摂取をすすめていますし、自分自身も意識して日常の食事から摂取するようにしています。

また、ビタミンDは日光浴によって皮膚で生成されるため、夏なら15分から30分程度は日光を浴びるようにするといいでしょう。ほんの少しの栄養面への配慮で、心もからだも強くなります。栄養学は、奥深く、とても面白い学問ですね。

44

「煎茶」を飲んでいます

煎茶を毎日飲むようにしています。
うま味成分であるテアニンが
脳内をリラックスさせてくれます。
日常的に煎茶を飲んでいる人は
うつになる可能性が低いという
研究結果もあります。

最近は、とくに、気持ちが落ち込み気味の患者さんに煎茶をおすすめしています。
煎茶は日本の伝統的なお茶で、カテキンやテアニン、ビタミンCなどが豊富に含まれています。中でも、うま味成分であるテアニンには、脳波のアルファ波を増加させリラックスさせる効果があり、うつ病のリスクを下げる作用があります。

帝京大学医学部精神神経科講座教授の功刀《くぬぎ》浩先生の研究に、東北地方に住む、70歳以上を対象にした調査があります。それによると、緑茶を1日4杯以上飲んだ人たちは、1杯以下の人たちに比べて、うつになるリスクが半分程度でした。

カテキンには、抗酸化作用や殺菌作用、抗がん作用、高血圧低下作用、血糖値の上昇抑制作用などが知られていますし、ビタミンCには肌のハリを維持したり、免疫力を高めたりする効果もありますから、インフルエンザなどの予防にもおすすめです。

また、今はペットボトルでお茶を飲む時代だからこそ、急須で淹《い》れるお茶はいかがでしょう。自分の好きな緑茶を探してみたり、自分のためにお茶を淹れる時間を持ったりすること自体が、目の前にある心配ごとから自分を少し離し、ほっとする時間をつくることにつながります。

私も1日に3、4度緑茶をいただいています。診療の休憩時間に、事務長と一緒に「お三時」の時間をとります。羊羹をいただきながら煎茶をいただくと心がゆるみ、午後のお仕事が頑張れるのです。

45

「発達障がい」のお子さん

子どものADHDやASDなどの特性が、生かされる世界になってほしいと思います。
日常生活に支障をきたすような症状が、漢方で緩やかになることがあります。

私は専門外なのでADHD（注意欠如・多動性障がい）やASD（自閉スペクトラム症）の患者さんを直接診ることはあまりありませんが、お子さんのADHDやASDなどに悩む親御さんが来院されることがあります。

発達障がいは、先天的な脳の働きによって生まれる、不注意や多動、感覚過敏、こだわりの強さなどのさまざまな特性ですが、これらの特性により生きづらさを感じることがあると同時に、突出した才能を持っていることも少なくありません。

また、発達障がいではないのですが、感受性が非常に強くて、周囲の言葉や場に敏感になりすぎてしまう特性を持っているお子さんもいます。日常生活の中ではなかなかお子様にそういった特性があると気づくのに時間がかかってしまうこともあり、症状もそれぞれですから、対応もそれぞれ必要になります。

私は、得意が生かされる教育がなされることを願っていますが、現実は学校生活のなかでお子さん自身が生きづらさを感じることも少なくないようです。また、親御さんも、子どもの特性によって、どう関わったらいいのか悩んでしまい抑うつ症状に陥ってしまうこともあります。

発達障がいや不安などの症状の改善に、漢方が役立つこともあります。

たとえば、甘麦大棗湯《かんばくたいそうとう》には精神安定の作用がありますし、小建中湯は神経質なお子さんを落ち着かせる作用が期待できます。イライラや怒りを抑える効果のある漢方薬もあります。もちろん、個々の体質や体力などによって処方は変わります。

46

「オリーブオイル」を摂る

認知症予防にも効果がある
良質なオリーブオイル。
心臓や脳、消化器など、
全身にわたって健康維持に
役立ってくれます。

患者さんに「よい食材について教えてください」「認知症や病気を予防できる食材は何ですか」と、食について尋ねられることもあります。私は栄養学についても長く学んできましたが、日本食は理想的な栄養バランスとされつつも、タンパク質やカルシウム、ビタミンDなどが不足しやすいことが指摘されることもあります。

私は、オメガ3脂肪酸のDHAやEPAは青魚から、オメガ6脂肪酸のARAは卵、お肉で摂取するようにしています。納豆を毎日食べタンパク質は欠かさないようにし、ブロッコリーやほうれん草などの緑黄色野菜も、次女がいつもお弁当に入れてくれています。

そのほか、私が患者さんにおすすめしているのはオリーブオイルです。オリーブオイルには、高い栄養成分が含まれていて、健康維持に役立つとされています。

まず、一価不飽和脂肪酸（とくにオレイン酸）が豊富に含まれ、心臓病のリスクを軽減する効果が期待できます。悪玉コレステロール（LDL）を削減させるため、動脈硬化や高血圧の予防にも役立ちます。

また、オリーブオイルにはポリフェノールなどの抗酸化物質が豊富に含まれ、体内の酸化ストレスを減らし、血糖値の急激な上昇を抑える効果が期待できます。認知症やアルツハイマー病のリスクを軽減し、とくにエキストラバージンオイルには記憶力や認知機能を高めるという研究結果もあります。1日の理想の摂取量は大さじ1〜2杯程度。私はサラダに回しかけたり、パスタに使ったりして毎日いただいています。

47

脳は「怠けもの」

もともと脳には省エネ機能があるようです。
惰性になってしまっている生活を、ちょっとだけ変えてみる。
それだけで、新鮮な景色とやる気が戻ってきます。

脳の研究者によると、脳はたくさんのエネルギーを消費する臓器で、できるだけ省エネ運転しようとするようです。
刺激を与えない限りは怠けていようとするので、面倒だとか、やる気が起きないというのは、ただの怠け者なのではなく、脳の性質ということですから、脳を活性化させるためには刺激を与える必要があるということです。

大人になってやる気を保つには、自分を律したり、自ら動いたりすることが必要になってきますが、一度やる気を失った脳に一念発起してもらうのは難しいようです。

子どものころはもっといろんなことに興味を持っていたという方も多いのではないかと思います。大人と子どもの違いは、大人にはやる気を起こしてくれる親や先生、そしてやらなくてはいけない宿題などの存在がないということです。

脳の健康のためにも、子どものころにやっていた宿題のドリルのように、ちょっと面倒だけど、簡単に手をつけられることを一つ、生活に取り入れてみましょう。

たとえば、家事に締め切りを設けて、テキパキと自分に指令を出してからだを動かすだけでも、脳が活性化します。会社勤めの人は、朝、いつもと同じ道を歩くのではなく、1本違う通りを使って会社まで行くことも脳の準備体操になります。

私はと言えば、歩くときに「早歩き3分」「ゆっくり歩き3分」を交互にすることはいつも意識しています。ただ、私の場合はすぐに早歩きになってしまいますが。

48

「腸」は心

腸内の環境によって、人は幸せになったり、落ち込んだりするそうです。食生活に気を配りつつ、きちんと寝て、ほどよい運動を心がけましょう。

自律神経やホルモンを通じて脳と腸が互いに関連していることを「脳腸相関」といいます。脳が緊張や不安などのストレスを感じると、そのストレスは腸に伝わり、腹痛や下痢、便秘などを引き起こすことがあります。緊張するとお腹が痛くなる人や、ストレスで便秘になる人がいるのはそのためです。逆に腸内環境が悪化すると、それが脳に伝わって自律神経が乱れ、心身の不調が起こりやすくなります。

幸せホルモンと呼ばれ、精神を安定させる働きをする「セロトニン」は、脳だけでなく腸でもつくられています。うつ症状の人の腸内細菌は健康な人に比べてバランスが乱れていることもわかってきています。

最近は、腸内細菌と認知症の関連を示す研究結果も多く発表されています。人の腸には1000種類を超える細菌がいて、食習慣によってその細菌の割合は変わってきます。認知症の方は認知症でない方に比べて、バクテロイデス菌が少ないという研究結果も出ています。

腸内環境の整え方の基本は、腸を冷やさないこと。そして、食生活を充実させることです。またセロトニンを増やすには、日光を浴びながらウォーキングすることも有効です。セロトニンはトリプトファンというアミノ酸を原料にして生成されます。大豆製品、乳製品、米、ごま、ピーナッツ、卵、バナナなどを積極的に摂取するようにしましょう。

49

肩甲骨はからだの「羽根」

歩くことと同時に
肩甲骨を動かすことを
意識しています。
肩甲骨を動かすと血流がよくなって
代謝がよくなり免疫もアップします。

「健康の秘訣は何ですか？」と聞かれることがよくありますが、それほど特別なことはしていません。
ただ、週に6日はお仕事をさせていただいているので、日々の仕事や日常の中でできるトレーニングをしています。

オフィスや職場で日々やってほしいのが、肩甲骨をほぐすことです。肩甲骨は、腕と肩をつなぐ骨で、肩周りの動きをサポートしてくれる大切な役割がありますが、みなさん、デスクワークなどで腕を動かす機会が少ないことでしょう。肩甲骨の動きが悪くなると、姿勢やバランスが悪くなって、肩こりや巻き肩の原因になります。そうすると、年齢を重ねるにつれて腰も曲がってきてしまいますし、転倒のリスクも大きくなります。

仕事の合間やテレビを見ながら、肩甲骨ほぐしのストレッチをぜひやってみてください。両ひじを曲げて脇を絞め、両手を広げながら深くゆっくり息を吐いていきます。これを数回やるだけですっきりします。これだけでも、固くなった筋肉がほぐれ、からだの柔軟性がアップします。胸が開いて呼吸がしやすくなり、冷えやむくみが軽減されることもあります。

運動は、張り切ってやるものほど続かないものです。「続けられる方法」を見つけることが、続くコツ。続けていると、からだは面白いように変わります。

50

「暗算」という脳トレ

仕事の中で意図せずやってきた、暗算のおかげで、元気でいられるのかもしれません。日々の中で楽しみながらできる、簡単な脳トレを取り入れます。

「先生、それ、暗算されてるんですか!」

初診の患者さんにやっていただく抑うつ状態を知るテスト「SDSうつ性自己評価尺度」の20項目の回答に沿った点数を暗算しています。

これが、患者さんには驚くことだったみたいですね。

私にとっては、あたりまえのことだったので気づかなかったのですが、日々の生活の中で、ちょっとした計算や、脳を使うトレーニングをしていることが、今も、診療を続けられる脳の元気の源になっているのかもしれません。

ちょっと気になったので調べてみましたら、実際に、一桁台の簡単な計算は脳トレになるそうです。脳全体を活性化させ、認知症の予防や改善にも効果的です。

必要に駆られないと、わざわざ暗算をする気になれないかもしれませんが、そんなときは、たとえば、遠方に住む友人を「一緒に脳トレしない？」と誘って、オンラインや電話で問題を出し合ったりしてみるのも楽しいかもしれません。問題を準備するのも楽しいでしょうし、何より、おしゃべりをするだけでも脳は活性化しますから。

私も最近は、ＺＯＯＭで遠方の方と打ち合わせをすることが増えました。

先にもお伝えしたオンライン診療ができるように、準備を進めていますが、新しいことをやりたいという気持ちが、脳をいつまでも元気にしてくれているのでしょう。

51

「いつもと違う」に気を配る

抜け毛や肌荒れなど、「いつもと違う症状」が現れたときは要注意。心がSOSを伝えているのかもしれません。放置せずに、ケアしてあげてください。

ある日のこと。男性の患者さんが、「同棲している女性に赤ちゃんができた」と言われたので「それはおめでとう」とお伝えしたら、「いや、それが実は、『あなたの子ではない』と言われたんです」とおっしゃって、「あまりの心労で髪の毛がごっそり抜けてしまった」と、毛束を見せてくれました。結局その方は、お相手の方とお別れになり、しばらく精神病院に入院されることになりました。

たくさんの患者さんを見て来た私も、開院にまつわるストレスで、髪の毛がたくさん抜けて驚きました。そのときは、その男性の患者さんを思い出して、「ああ、本当に髪の毛ってストレスで抜けるのね」と思いました。

ですから、浴室に髪の毛がたくさん落ちていたり、枕に抜け毛が多くついていたりするのに気づいたら、「今、大きなストレスがかかってないかな」と、ちょっと自分を振り返ってみてください。

また、ご家族の中で、抜け毛が増えていると感じることがあれば、何気ない会話の途中ででも「今何か困っていることある？」と声をかけてみてください。

現在はひとり暮らしも増えていることもあって、みなさん、ひとりで頑張りすぎのように思います。そして、自分の心が大きなストレスにさらされていることに気づかずに頑張り続け、ある朝、起きられなくなるということもあります。

「いつもと違う」は、心と身体のＳＯＳと捉えて早めにケアすることが必要です。

52

「同病異治」と「異病同治」

漢方は同病異治であり、
異病同治でもあります。
患者さんの体質に合う薬を、
見つけ出していくのが私の仕事です。

漢方医学には、同病異治、異病同治と言う考え方があります。

西洋薬は、基本的にひとつの症状に対してひとつの薬を処方するのですが、漢方薬は違います。同病異治とは、同じ症状でも違う処方で治療するという意味で、異病同治というのは、違う症状でも同じ薬で治療するという意味です。

たとえば、同じ風邪でも、漢方薬の場合は、体力のある患者さんには葛根湯《かっこんとう》や麻黄《まおう》湯《とう》などを処方しますが、虚弱体質の患者さんには、香蘇散《こうそさん》や桂枝湯《けいしとう》などを処方します。これが、同病異治です。

逆に、風邪薬として処方される葛根湯は、肩こりや中耳炎などにも処方されますし、当帰芍薬散《とうきしゃくやくさん》は、不妊症の女性や、頭痛、冷え性などにも処方されます。これが、異病同治です。

なぜこのようなことが起きるのかというと、表面に現れている症状ではなく、患者さんの体質や体力、症状の現れ方を総合的に判断する「証《しょう》」を診ているからです。

体質や病気の進行状態を判断する「陰陽」、体力の充実度や抵抗力を判断する「虚実」、体内の気と血、水の流れ「気血水」を総合的に判断し、必要な漢方薬を処方しています。

現在、ドラッグストアなどでも気軽に漢方薬が手に入りますが、自分の証に合わない漢方薬を飲んでも効果がないということもよくあります。

53

ほどよく「休めて」いますか

「忙しさ」は、
そうさせられているのではなく、
自分が今選んでいるのだと
気づくこと。ときどきは
「休息」を選んでください。

今は働き方がずいぶん変化して、残業が減ったり、休みが取りやすくなったりしているようですね。一方で、「忙しさ」から抜け出せずに診療を受けに来られる方や、職場での人間関係に苦しんでいると吐露《とろ》される方が減っているわけではありません。

働いても働いても、仕事が終わらずに怒りを溜めていらっしゃる患者さんがいらしたのですが、「仕事が多いのは上司のせい」「会社が悪い」と怒っていらっしゃる様子でした。「もしかしたら、あなたのことを信頼して任せていらっしゃるのかもしれませんよ」とお伝えしましたが、忙しさの中で生まれた不満や長く抱えてきた考え方というのはなかなか変えられないようです。忙しいことがその方の中で決まりごとになっていると、周囲の声も届きにくいように思います。

脳の動きも一辺倒になってしまっているので、私は、「服薬をして、休養をとって、からだを休めて、じっくり治療してくださいね」とお伝えするのですが、「忙しいのは変わらないから、この状況でも自分の精神状態が安定する薬を出してください」と言われることもあります。

これはもう、忙しさに人生を乗っ取られてしまっている状態です。

本来は、仕事の中に人生があるのではなく、人生の中に仕事があります。もちろん、任されたことは全力でやるのは大切なことですが、「自分で選んでやっている」と思えなくなったら休みどきです。

54

「刺激」と「リラックス」

メリハリとは、
生活の「リズム」のなかに、
刺激の「メロディ」をつくることです。
働いたり、休んだりの「メリハリ」が、
人を元気にしてくれます。

クリニックにいらっしゃる方の中には、認知症への不安を語られる方も少なくありません。
とくに、これまで元気に毎日働いていた方が、定年退職で翌日から生活のリズムが変わり、「することがない」「突然暇になった」となってしまうと、認知症のリスクは高まります。生活に張りがなくなって抑うつ状態になり、来院される方もいらっしゃいますが、心配しすぎる必要はありません。

認知症になりにくい生活を目指しましょう。音楽のようにリズムとメロディをつくり出すことです。そう、メリハリですね。

会社勤めだった方は、同じ時間に起きて、準備をし、ご飯を食べて同じ時間に会社へ行きますよね。ランチも同じ時間に食べ、家に帰ってからもそれぞれルーティーンがあって、眠りにつく。これが、生活リズムです。

ではメロディは何かというと、刺激の部分。仕事での緊張感や人間関係を調整することだったりします。これがあることで、脳は活発に活動します。もちろん、ストレスがかかりすぎると、アドレナリンが出すぎてしまい、交感神経優位になってイライラが募ったりしますので、適度がいいですね。

会社勤めだったころと同じように、生活にリズムをつくること。多少の刺激を取り入れること。そうすると、脳が働いたり、休んだりしながら、元気でい続けることができますし、何より、日々の生活が好奇心に満ちた楽しい時間となります。

55

心が「疲れ果てる」その前に

張り詰めた緊張が解けるときこそ自分を労りましょう。介護うつ、介護ロス症候群になる前に、ご自分をどうぞ大切に。

配偶者の介護や、親の介護、そして最近は孫が祖父母を介護する「孫ケアラー」という言葉も出てきています。

最近は、働き方改革の流れもあって、雇用と介護の両立できる社会を目指して、介護休業制度などを取り入れる企業も増えてきているようですが、介護は精神的にも、肉体的にも大きな負担を強いるものです。

仕事をしている時間以外のほとんどの時間を介護に費やしているうちに、介護うつになる方も少なくありません。また、介護をしていた家族が亡くなった後に、強い悲哀感情から抜け出せず、心身のバランスを崩してしまう方もいます。

ひとりで介護を引き受け、誰かに相談することもなく、心身が疲れ果てた状態でもなんとか目の前の介護に向き合っていた方が、介護の対象であった家族が亡くなったことで、急にやるべきことがなくなってしまい、それまでは、なんとか両立していた仕事にも行けなくなってしまうということもあります。

また、家族が亡くなった際に表れる悲哀反応からの回復には年単位の時間がかかります。

介護中から、介護以外の自分の時間を持つことを心がけましょう。そして、すべてをひとりでやろうとしないことです。家族や、地域包括支援センター、介護のプロ、医師などに相談し、介護の負担はできるだけ複数で分担するようにしたいものです。

56

「自分に合う」ってどういうこと？

漢方薬も人生も、
自分に合わないものでは、
よくなりません。
誰かを改善した方法が、
自分にも合うかどうかは
わかりません。

最近は、ドラッグストアでも漢方薬が気軽に買えるようになりました。
女性の不調に効果的、イライラするときに、など効能が書いてありますが、自分の体質や現在心身に出ている症状を見極めないまま、なんとなく飲んでも効果がないこともよくありますし、自然の生薬とはいえ薬ですから、からだに負担になることもあります。

以前、ダイエット目的の女性が診察にいらして、「友人が、防風通聖散《ぼうふうつうしょうさん》という漢方薬を飲んですごく痩せたので、私もそれを飲みたいです」とおっしゃられました。防風通聖散は比較的ふくよかな体型の方に向くお薬ですが、その方は、胃腸が弱くて疲れやすい虚弱体質でしたから、薬が合わないとお伝えしました。

確かにダイエットにも漢方薬は効果を発揮しますが、それは、漢方薬が体質を改善していくからです。代謝が悪くエネルギーの消費がうまくいかないことで太りやすくなったりするところを改善していきます。むくみや便秘、過食、肩こり、疲れやすさなどが同時に改善されることもあり、有効ですが、それも、やはり、体質に合ったものを選んでこそ効果があるのです。

自分に合うものを選んでいくことが大切です。これは、人生全般にも言えることかもしれません。誰かにとってよかったものが、自分や自分の人生によいものとは限りません。必要なものを見極めて、自分で選択していくことを意識してほしいと思います。

5章
ほどよい孤独で感謝が生まれる

57

「見えないもの」に目を向ける

見えないものにも守られていると感じるとき、自然と心が整います。年のはじめにはかならず、これまでの感謝の気持ちを伝えています。

初詣には、下鴨神社にお参りしています。

下鴨神社の、正式な名称は「賀茂御祖神社《かもみおやじんじゃ》」で、ご祭神は、賀茂建角身命《かもたけつぬみのみこと》と玉依《たまより》媛命《ひめのみこと》です。賀茂建角身命は、古代の京都を開拓した神様で、玉依媛命は、賀茂建角身命の御子神です。

下鴨神社には、境内の南側に位置する摂社「言社《ことしゃ》」があり、日本の十二支の守護神が祀られています。多くの人は、ご自身の干支の言社に参拝されますが、私は、毎年、子どもたちや孫たちの干支の神様にお参りをし、感謝の気持ちをお伝えするようにしています。

日本人にとって神社は身近にある場所です。

また、氏神様は、「その地域の神様」ですから、時折は氏神様に出向いて手を合わせてみてください。日々の感謝を伝えるだけでも、心が穏やかになります。

そして、神社の境内には木々も多く気持ちがいいので、鬱々としているときに足を運んでみるのもいいと思います。

静かに神様に手を合わせる時間は、少しだけ、日々の悩みから離れて自分と向き合う時間です。神様に日々の報告と、感謝の気持ちを伝えることによって、「あ、そういえば、ありがたいことだな」と思えることもありますよ。

58

「陰で見守る人」を想う

自分の存在とは、すべてのご先祖の存在があってこそ、成り立つものです。ご先祖へ思いを馳せるとき、誰ひとり欠けても自分はここになく、いまに受け継がれた大切なものだと感じます。

朝、カーテンを開けて日の光を浴びたら洗顔をして、歯を磨いて着替えたら、手を合わせて般若心経を唱えます。般若心経は、宗派を問わず唱えることができるお経です。

昔、私の祖父が大病をわずらったときに、神奈川県足柄《あしがら》の最乗寺《さいじょうじ》にお参りをしたことで助かったと聞きました。母は、そのことをよく覚えていて、毎日神棚に手を合わせて、般若心経を唱えていました。幼いころから横で聞いていた私も、いつの間にかそれを覚え、朝お経を唱えることが日課になっています。

神奈川県の最乗寺には、もう何年も行けていないのですが、毎日、般若心経を唱え、親族の戒名や名前を出して、朝の挨拶をしています。

朝一番にお経を唱えることで、自分のその日の調子がわかりますし、ご先祖の名前を口にすると、不思議なことに心とからだが整う気がします。

読経には、瞑想的な要素もあるようです。深い呼吸を促し、うつの改善や睡眠の質を上げる効果があるとされています。

ご先祖様の存在に感謝することは、自分の存在に感謝することでもあるのではないでしょうか。お墓参りにはあまり行けない、自宅に御仏壇がないという方も、朝のルーティーンとして、手を合わせて亡きご家族の名前を口にして、ご挨拶をしてみてください。

59

いつだって「今」

必要な荷物だけを携えて
旅をしましょう。
必要ない荷物は置いていく。
「今の自分」に必要なものだけに囲まれた
軽やかさが、自分を遠くへ
運んでくれます

今の自分や、役割に必要か、必要でないか。年齢を重ねるごとに、丁寧に取捨選択をすることが大切だと感じます。

たとえば、私は、前職のクリニックの院長を退職する際、精神科の指導医の資格をお返ししました。一方で、漢方専門医は開業後、２０２２年に5年更新をしました（漢方専門医の認定制度は、１９８９年にはじまりました）。

もちろん、次また更新するためには東洋医学会に、漢方医学的治療が有効であった30症例の症例一覧をまとめる必要があります。

周囲からは、「これから5年更新してどうするの？」「更新する必要はあるのか？」などと聞かれたのですが、その必要があるのか、と聞かれればもちろん「必要がある」と答えます。現役でいる以上は、専門医であることは患者さんの安心につながると思うからです。

社会の中でも、家庭の中でも、今の自分にとって何が必要なのか、不必要なのかについて考えることは大切です。

必要なものを吟味して手元に残してメンテナンスをし、もう必要なくなったものはさらっと手放してしまうこと。そして、今の自分に必要なものがあったら、怖れず臆せず学ぶことです。

人生はいつだって「今」と「今から」が大切です。

60

「ありがとう」は何度でも

何かをしてもらったら「ありがとう」
電話やメールで「昨日はありがとう」
また次会ったときに
「あのときはありがとう」
「ありがとう」と、誰かに言えることが、
ありがたいのです。

開院して、3年と少し経ちました。2024年の11月30日は、3回目の開院記念日で、診療がはじまる前、私は次男である事務長にこう伝えました。

「今日で丸3年、あなたがいてくれるから頑張れます。よろしければ病気することなく、これからもお願いしますね」

毎年こんなふうに、1年ずつ積み重ねて、事務長にお礼を伝えていけたらいいと思っています。

年を重ねたり役職や権威を得ると、「自分が引っ張っている」「自分のおかげ」と言う人がいますが、それは勘違いで、「自分のおかげ」と思っていることこそ、「誰かのおかげでできている」ことがほとんどです。実際に現場で作業してくれる人がいてくれたり、商品やサービスを使ってくれる人がいてくれたり。ひとりで何かを成したような顔をしていても、そこには幾重ものサポートがあるのです。

私が藤井医院を開き、今も患者さんと向き合ってお役に立てることは、事務長をはじめ、子どもや孫たち家族みんなが背中を押してサポートしてくれたから。それだけでなく、周囲からの「今からクリニックを立ち上げるなんて無理でしょう？」といった言葉ですら、私を奮い立たせてくれたありがたいものだったと思えます。

「ありがとう」を伝えられる相手がいることのありがたさを、どの瞬間も忘れることのないように、「ありがとう」は何度でも伝えたいと思います。

61

「ひとりきり」では生きられない

人はどれだけ頑張っても、ひとりきりで生きられるわけではありません。

たくさんの人の手を借りて生きていることに気づけたら、自然と感謝の思いが湧いてきます。

今、私が現役で医師として活動できているのは、周囲の方々のおかげです。

私がクリニックを立ち上げることになった際は、「漢方心療内科」を掲げることについて、京都市で役所の方々に相談し、いろいろと協力していただきました。

子どもたちも、さまざまな方向からサポートしてくれました。

現在、次男は早期退職をして事務長として手伝ってくれていますし、カウンセラーとして患者さんのフォローにも力を入れてくれています。

同居している次女は朝の食事やお弁当をつくってくれたり、家事を手伝ってくれたり車で送ってくれたりしていますし、土曜日には四女がクリニックを手伝ってくれています。

たくさんの人の手をお借りして、今私は患者さんと向き合う環境をいただいて、私が開業したことで「元気をもらった」と言ってくださる方もいます。

今、苦しくて悩みの渦中にいる方は、自分ひとりで苦しみ、悲しみ、耐えているように感じるかもしれませんが、誰もがこの社会の中でひとりではありませんし、ひとりで生きているのではありません。必ず、周囲の人によって助けられています。

そして、手助けはめぐるものだと感じます。

あなたがいることで、助けられている人もきっといます。もちろん、助けてくれる人もいるのです。

62

「差し上げる」喜び

誰かへ贈り物をして、一番喜ぶのは
「自分」です。
誰かの喜ぶ顔を想像することほど、
幸せな時間はありません。
人に何かをして差し上げることは、
こちらが喜びをいただいているのです。

誰かへ贈り物をしたり、何かをして差し上げたりというのは、相手のためではなく、自分のためです。見返りを求めている自分がいるとしたら、それを通じて自分の価値を相手に認めてもらいたいという承認欲求が含まれているのかもしれません。

本来、差し上げる喜びを体感させていただいているのですから、それ以上のことを求める必要はありません。ただ純粋に相手のことを考え、選ぶのは幸せな時間ですし、脳も活性化しています。

先日、夫の十七回忌の法要では、孫たちも集まってくれたのですが、缶が可愛らしいツマガリのクッキーボックスを配りました。正月の新年会ではメリーのチョコレートをたくさん買って、楽しい準備の時間を過ごしました。当日は、チョコの手づかみのゲームなど、ちょっとしたイベントもしました。

実際に渡して喜んでくれたことはもちろんうれしかったのですが、用意しているときのワクワク感やみんなが喜ぶ顔を思い浮かべるときに、すでに十分すぎるくらい、幸せな気持ちをもらいました。

「してあげる」とは、「自分が喜ばせていただいているのだ」と忘れずにいたいと思います。相手がどう感じるかは、相手の範疇ですから気にしない。逆に、相手があなたのために何かしてくれたということは、相手があなたの喜ぶ顔をイメージし、思ってくれたということ。その思いに「ありがとう」を伝えられる人でいたいですね。

63

毎日「小さな夢」をかなえる

小さな「かなったらうれしいこと」を
毎日ひとつ、かなえてみます。
昨日できなかったことが、
今日できている。
何歳になっても、
夢をかなえ続ける日々を過ごせます。

統合失調症の患者さんの中には、夢に見たことが現実に起こるのではないかと不安になる方もいます。そういうとき、私は患者さんに「それは、夢。夢と現実とは違うから大丈夫です」「気にしなくていいですよ」と、繰り返しお伝えしますが、精神疾患をお持ちの方がご自身で感情をコントロールされるのは困難なこともあります。

この方の場合は統合失調症による症状ですが、不安や心配ごとが現実になるのではと感じてしまうことは、どなたにでもあることです。

生きているなかで、不安や心配ごとは付きものです。でも、心配ごとの9割は起こりません。

不安や心配ごとにフォーカスするのではなく、よい「夢」に意識を向けてほしいと思います。どんなことがかなったらうれしいでしょうか。それを考えるときのポイントは、「自分がコントロールできる」こと。「あの人がこうしてくれたらうれしい」とか、「子どもがこうなってくれたら幸せ」とか、「自分でない誰か」ではなく、あくまで、自分ができること、できる範囲のことを考えることです。具体的に、小さなことから描くといいですね。

その小さな夢が現実になるように、小さな努力をしてみることです。昨日できなかったことが、今日はできて、昨日知らなかったことを、今日は知っている。そんなふうに、毎日小さく夢をかなえてみませんか。

いくつになっても、たくさんの夢を抱えて生きる日々は幸せです。

おわりに

日々診療で感じるのは、人が健やかでいられるのは人とのつながりのおかげであり、同時に人が健康を損なうのもまた、人とのつながりによるものだということです。

日々、家族や職場、人間関係の中で、気を遣ったり心を痛めたりして生きています。誰もが「自分」を持って生きていて、だからこそ、自分と違う価値観に出会うとそれを受け入れられずに苦しみます。そして、相手を自分に合わさせようとしたり、逆に相手に合わせすぎたりしているうちに、心は硬くなり、柔らかさを失います。

そんなときこそ、自分の意思で、ほどよい孤独を選んで人間関係から少し距離を置く。ちょっとだけ、自分の世界に逃げていいのです。おひとり時間を丁寧に過ごしてこそ、人ともうまく付き合えます。

あえてほどよく孤独な時間をもつ。心を守って、どうか日々ご自愛ください。

2025年1月

藤井英子

藤井英子（ふじい・ひでこ）

漢方心療内科藤井医院院長。医学博士。現在も週6で勤務する93歳の現役医師で、精神科医、漢方専門医。1931年京都市生まれ。京都府立医科大学卒業後、同大学院4年修了。産婦人科医として勤めはじめる。結婚後、5人目の出産を機に医師を辞め専業主婦に。育児に専念する傍ら、通信課程で女子栄養大学の栄養学、また慶應義塾大学文学部の心理学を学ぶ。計7人の子どもを育てながら、1983年51歳のときに一念発起しふたたび医師の道へ。脳神経学への興味から母校の精神医学教室に入局。その後、医療法人三幸会第二北山病院で精神科医として勤務後、医療法人三幸会うずまさクリニックの院長に。漢方薬に関心を持ち、漢方専門医としても現場に立ってきた。89歳でクリニックを退職後、「漢方心療内科藤井医院」を開院。初めての著書『ほどよく忘れて生きていく』（サンマーク出版）は世代を超えて大反響を呼び、ベストセラーとなる。

ほどよく孤独に生きてみる

2025年2月25日　初版発行
2025年6月25日　第7刷発行

著　者　　藤井英子
発行人　　黒川精一
発行所　　株式会社サンマーク出版
〒169-0074 東京都新宿区北新宿2-21-1
電話　03-5348-7800
印刷・製本　中央精版印刷株式会社

ISBN978-4-7631- 4201-6 C0095